KOOKBOEK "GEZONDE KOOL EN KIMCHI"

Een gids voor 100 voedingsrijke kool- en Kimchi-creaties

FLORIS MULDER

Auteursrechtelijk materiaal ©2024

Alle rechten voorbehouden

Geen enkel deel van dit boek mag in welke vorm of op welke manier dan ook worden gebruikt of overgedragen zonder de juiste schriftelijke toestemming van de uitgever en eigenaar van het auteursrecht, met uitzondering van korte citaten die in een recensie worden gebruikt. Dit boek mag niet worden beschouwd als een vervanging voor medisch, juridisch of ander professioneel advies.

INHOUDSOPGAVE

INHOUDSOPGAVE **3**
INVOERING **6**
KIMCHI **7**
   1. CHINESE KOOL KIMCHI 8
   2. CHINESE KOOL EN BOK CHOY KIMCHI 10
   3. CHINESE KIMCHI 13
   4. WITTE KIMCHI 15
   5. RADIJS KIMCHI 17
   6. SNELLE KIMCHI MET KOMKOMMER 20
   7. VEGANISTISCHE KIMCHI 22
   8. BAECHU KIMCHI (HELE KOOL KIMCHI) 24
   9. WITTE RADIJS KIMCHI/ KKAKDUGI 26
   10. BIESLOOK KIMCHI/PA-KIMCHI 29
   11. UI KIMCHI MET PEPER 31
   12. GROENE KOOL KIMCHI 34
   13. GEVULDE MINI KOMKOMMER KIMCHI 36
KOKEN MET KIMCHI **38**
   14. KIMCHI ROERBAK/KIMCHI- BOKKEUM 39
   15. KIMCHEE-NOEDELS 41
   16. KIMCHI GEBAKKEN RIJST MET SPAM 43
   17. CONGEE-ONTBIJTSCHALEN UIT DE SLOWCOOKER 46
   18. RUNDVLEES EN BROCCOLI KOMMEN MET KIMCHI 48
   19. VARKENSVLEES EN KIMCHI ROERBAK/KIMCHI- JEYUK 50
   20. RUNDVLEESKOMMEN MET COURGETTENOEDELS EN KIMCHI 52
   21. KIMCHI- FRIETJES 55
   22. KOREAANSE RUNDVLEES- EN UIENTACO'S 57
   23. KOREAANSE KIMCHI JJIGAE (STOOFPOT) 59
   24. KIMCHI EN TOFU-SOEP 61
   25. KIMCHI EN BLAUWE KAASCROISSANTS 63
   26. KIMCHI-NOEDELSALADE 67
   27. ZALM EN KIMCHI MET MAYO POKE 69
   28. KIMCHI ZALMPOKE 71
   29. KOREAANSE BBQ- VARKENSVLEES-POKEBOWL 73
   30. PROBIOTISCHE LOEMPIA'S 75
   31. KIMCHI RAMEN 78
   32. GEFERMENTEERDE GROENTESTOOFPOT 80
   33. QUINOA EN KIMCHI-SALADE 82
   34. PROBIOTISCHE GUACAMOLE 84
   35. KIMCHI-SAUS 86
   36. IN BLOKJES GESNEDEN DAIKON RADIJS KIMCHI 88

37. Hartige pannenkoeken 90
38. Spek En Kimchi Paella Met Kip 92
39. Koreaans Rundvlees En Kimchi Gegrilde Kaas 95
40. Koreaans borststuk en Kimchi-burger 97
41. Sojakrul Kimchee-loempia's 100
42. Kimchi Ramen uit één pot 102
43. Kimchi-gebakken rijst 105
44. Kimchi-sla 107
45. Kimchi-quesadilla's 109
46. Kimchi Avocadotoast 111
47. Kimchi Tofu Roerbak 113
48. Kimchi-hummus 115
49. Kimchi-sushibroodjes 117
50. Kimchi duivelse eieren 119
51. Kimchi Caesarsalade 121
52. Kimchi-guacamole 123
53. Kimchi-pannenkoeken / Kimchijeon 125
54. Chinese Koolsalade Met Kimchisaus 127

ZUURKOOL 129

55. Klassieke ingelegde kool 130
56. Piccalilly 132
57. Basis zuurkool 134
58. Pittige Aziatische Ingelegde Kool 136
59. Appelciderazijn Ingelegde Kool 138
60. Dille En Knoflook Ingelegde Kool 140

KOKEN MET KOOL 142

61. Koolsla van Rode Kool 143
62. Fijische Kipkotelet Suey 145
63. Witte Kool En Aardappel 147
64. Groene Vegetarische Tostadas 149
65. Snijbiet En Broccolisap 151
66. Radijs Koolsla 153
67. Regenboogsalade Met Kool 155
68. van microgroenten en peultjes 157
69. Bitterzoete granaatappelsalade _ 159
70. Coole zalmliefhebberssalade 161
71. Paddestoelrijstpapierrollen 163
72. Aziatische Gnocchi-salade 166
73. Koolknoedels _ 168
74. Taiwanese gebakken rijstnoedels 170
75. Kool En Edamame-wikkels 172
76. Eiergebakken rijst in een mok 174
77. Koollasagne 176

78. Japanse Kool Okonomiyaki 178
79. Grapefruitsalade met rode kool 180
80. Kool En Varkensvlees Gyoza 182
81. Vegetarische Wontonsoep 184
82. Koolvistaco's 186
83. Varkenshaascrostini Met Koolsalade 188
84. Açaí-kom met perziken en koolmicrogreens 191
85. Fruit- En Koolsalade 193
86. Red Velvet-salade met rode biet en mozzarella 195
87. Kool En Jus D'orange 197
88. Lentekoolsoep Met Krokant Zeewier 199
89. Kool En Granaatappelsalade 201
90. Rundvleessalade Met Ingelegde Goji-bessen 203
91. Kool & Bietensoep 206
92. Rode Kool Met Chrysant s 208
93. Kool Roerbak 210
94. Gevulde Koolrolletjes 212
95. Kool En Worstsoep 214
96. Koolsalade Met Citroendressing 216
97. Kool En Aardappelkerrie 218
98. Roerbak Kool En Garnalen 220
99. Roerbak Kool En Champignons 222
100. Kool En Pindasalade 224

CONCLUSIE 226

INVOERING

Welkom bij "Kookboek "gezonde kool en kimchi", uw ultieme gids voor het verkennen van de wereld van voedselrijke kool en de kunst van het maken van heerlijke kimchi. Dit kookboek is een eerbetoon aan de ongelooflijke verscheidenheid aan koolsoorten en de transformerende kracht van fermentatie, en biedt u 100 recepten waarmee u uw culinaire ervaringen naar een hoger niveau kunt tillen met deze gezonde ingrediënten. Ga met ons mee op een reis die de gezondheidsvoordelen en gedurfde smaken van kool en kimchi naar uw tafel brengt.

Stel je een keuken voor die gevuld is met de aroma's van verse kool en de pittige, kruidige tonen van gistende kimchi. "Kookboek "gezonde kool en kimchi" is niet zomaar een verzameling recepten; het is een verkenning van de diverse beschikbare koolsoorten en de talloze manieren waarop kimchi uw maaltijden kan verbeteren. Of je nu een kimchi-kenner bent of iemand die nieuw is in de wereld van gefermenteerd voedsel, deze recepten zijn gemaakt om je te inspireren de goedheid van kool en de kunst van het maken van kimchi te omarmen.

Van klassieke Chinese koolkimchi tot inventieve creaties met rode kool, savooiekool en meer: elk recept is een eerbetoon aan de voedingsrijkdom en de gedurfde smaken die kool op tafel brengt. Of je nu een traditioneel Koreaans feestmaal bereidt, experimenteert met fusiongerechten of een voedzame draai wilt geven aan je dagelijkse maaltijden, dit kookboek is je favoriete hulpmiddel om de wereld van kool en kimchi te verkennen.

Ga met ons mee terwijl we ons verdiepen in de gezondheidsvoordelen, smaken en culturele betekenis van kool en kimchi, waarbij elke creatie een bewijs is van de veelzijdigheid en levendigheid van deze eenvoudige maar krachtige ingrediënten. Dus verzamel je kool, omarm de kunst van het fermenteren en laten we beginnen aan een culinair avontuur via "Kookboek "gezonde kool en kimchi".

KIMCHI

1. Chinese Kool Kimchi

INGREDIËNTEN:
- 1 Chinese kool, kruislings gesneden in stukjes van 2 inch
- ½ middelgrote daikon-radijs, geschild en in de lengte in vieren gesneden,
- vervolgens in stukjes van een halve centimeter dik
- 2 eetlepels zeezout
- ½ kopje water
- 2 groene uien, in stukken van 2 inch gesneden
- 3 teentjes knoflook, fijngehakt
- 1 eetlepels geraspte verse gember
- 1 eetlepel Koreaans chilipoeder

INSTRUCTIES:
a) Doe de kool- en daikonstukken in een grote mengkom.
b) Doe het zout en het water in een aparte kleine kom; Meng om op te lossen. Giet over de groenten. Zet een nacht op kamertemperatuur weg om zacht te worden.
c) Giet de volgende dag af en bewaar het zoute water waarin de groenten zijn gedrenkt. Voeg de groene uien, knoflook, gember en chilipoeder toe aan het koolmengsel en meng goed.
d) Verpak het mengsel stevig in een glazen pot van ½ gallon met deksel. Giet het bewaarde zoute water in de pot en laat bovenaan 2,5 cm ruimte vrij. Sluit het deksel goed.
e) Laat de pot 2 tot 3 dagen op een koele, donkere plaats staan (afhankelijk van de temperatuur en hoe gebeitst en gefermenteerd je je kimchi wilt hebben). Koud bewaren na openen.
f) In de koelkast een paar weken houdbaar.

2. Chinese Kool En Bok Choy Kimchi

INGREDIËNTEN:
- 3 eetlepels ongeraffineerd grof zeezout of 1½ eetlepel fijn zeezout
- 3 kopjes gefilterd, niet-gechloreerd water
- 1 pond Chinese kool, grof gesneden
- 3 koppen baby paksoi , grof gesneden
- 4 radijsjes, grof gesneden
- 1 kleine ui
- 3 teentjes knoflook
- 1 stuk gember van 2 inch
- 3 chilipepers

INSTRUCTIES:
a) Meng het water en het zeezout totdat het zout is opgelost en de pekel vormt. Opzij zetten.
b) Snijd de kool, paksoi en radijsjes grof. Meng en doe het in een kleine kom of kom.
c) Giet de pekel over het groentemengsel tot het bedekt is.
d) Plaats een bord dat net in de pot of kom past en verzwaar het met voedselveilige gewichten, een pot of een andere kom gevuld met water. Dek af en laat minimaal 4 uur of een nacht staan.
e) Pureer de ui, knoflook, gember en pepers in een keukenmachine tot een pasta.
f) Giet de pekel uit de groenten en bewaar deze voor later gebruik. Proef het groentemengsel op zoutheid.
g) Spoel het af als het te zout van smaak is of voeg indien nodig een snufje zeezout toe.
h) Meng de groenten en het kruidenmengsel tot alles goed gemengd is.
i) Verpak het stevig in een kleine kom of kom en voeg indien nodig een kleine hoeveelheid pekel toe om de groenten onder water te houden. Weeg de groenten af met een bord en een voedselveilig gewicht. (Ik gebruik een kleinere glazen of keramische kom gevuld met de resterende pekel om als gewicht te dienen.
j) Als u extra pekel nodig heeft of als het groentemengsel uitzet en de kom bereikt, bevat deze dezelfde pekel.) Dek af met een deksel.
k) Fermenteer ongeveer 1 week, of langer als je de voorkeur geeft aan een pittiger smakende kimchi.
l) Doe het in een glazen kom of pot met deksel en zet het in de koelkast. Serveer als bijgerecht, als smaakmaker of bovenop bruine rijst met vermicelli-noedels voor een snel en heerlijk diner.

3.Chinese Kimchi

INGREDIËNTEN:
- 1 krop napa- of Chinese kool, fijngehakt
- 3 wortels, geraspt
- 1 grote daikon-radijs, geraspt of een kopje kleine rode radijs, fijngesneden
- 1 grote ui, gehakt
- 1/4 kopje dulse- of nori- zeewiervlokken
- 1 eetlepel chilipepervlokken
- 1 eetlepel gehakte knoflook
- 1 eetlepel gehakte verse gember
- 1 eetlepel sesamzaadjes
- 1 eetlepel suiker
- 2 theelepels zeezout van goede kwaliteit
- 1 theelepel vissaus

INSTRUCTIES:
a) Meng eenvoudig alle ingrediënten in een grote kom en laat het 30 minuten staan.
b) Verpak het mengsel in een grote glazen pot of 2 kleinere potten. Druk het stevig aan.
c) Sluit af met een met water gevulde ritssluitingszak om zuurstof buiten te houden en de groenten onder de pekel te houden.
d) Doe het deksel er losjes op en laat het minimaal 3 dagen gisten. Proef het na 3 dagen en bepaal of het zuur genoeg smaakt. Het is een kwestie van persoonlijke smaak, dus blijf het proberen totdat je het leuk vindt!
e) Als je eenmaal tevreden bent met de smaak, kun je de kimchi in de koelkast bewaren, waar hij maandenlang goed blijft, als hij zo lang meegaat!!

4.Witte Kimchi

INGREDIËNTEN:
- 1 grote Chinese kool (ongeveer 2½ pond), in vieren gedeeld, met de steel verwijderd, en in stukjes van 1 inch gesneden
- 1 grote wortel, julienned in 2-inch lange reepjes
- 1 grote zwarte Spaanse radijs of 3 rode radijsjes, julienne gesneden
- 1 rode paprika, zonder zaadjes, zonder klokhuis en in julienne gesneden
- 3 takjes groene ui of bieslook, in stukken van 1 inch gesneden
- 2 peren, zonder steel, zonder zaadjes en in vieren
- 3 teentjes knoflook, gepeld
- ½ kleine ui, in vieren gesneden
- Een stuk verse gember van 1 inch
- 3 eetlepels ongeraffineerd fijn zeezout of 6 eetlepels ongeraffineerd grof zeezout
- 6 kopjes gefilterd water

INSTRUCTIES:
a) Meng in een grote kom de kool, wortel, radijs, paprika en groene uien.
b) Doe de peren, knoflook, ui en gember in een keukenmachine en maal tot een puree. Giet het perenmengsel over de gesneden groenten. Voeg het zout toe en meng alle groenten totdat ze gelijkmatig bedekt zijn met de perenpuree en het zout.
c) Doe het groentemengsel in een grote kom en giet het water erover.
d) Plaats een bord dat in de pot past om de groenten te bedekken en houd ze onder water.
e) Plaats voedselveilige gewichten of een glazen kom of pot gevuld met water op het bord om de groenten onder water te houden.
f) Dek af met een deksel en bewaar op een koele, ongestoorde plaats gedurende ongeveer een week of totdat het de gewenste scherpte heeft bereikt.
g) Doe het over in potten of een kom, dek af en zet in de koelkast, waar de kimchi maximaal een jaar houdbaar is.

5.Radijs Kimchi

INGREDIËNTEN:
- 2 pond Koreaanse radijsjes (mu), geschild en in blokjes van 1 inch gesneden
- 2 eetlepels grof zeezout
- 2 teentjes knoflook, fijngehakt
- 1 theelepel gember, geraspt
- 2 eetlepels Koreaanse rode pepervlokken (gochugaru)
- 1 eetlepel vissaus (optioneel, voor umami-smaak)
- 1 eetlepel sojasaus (optioneel, voor extra smaakdiepte)
- 1 eetlepel suiker
- 4 groene uien, gehakt
- 1 kleine wortel, in julienne gesneden (optioneel)

INSTRUCTIES:
a) Doe de radijsblokjes in een grote mengkom. Strooi het zout over de radijsjes en meng het gelijkmatig. Laat ze ongeveer 30 minuten staan, zodat het vocht vrijkomt.
b) Spoel de radijsblokjes af onder koud water om overtollig zout te verwijderen. Laat ze goed uitlekken en doe ze in een schone, droge kom.
c) Meng in een aparte kom de gehakte knoflook, geraspte gember, Koreaanse rode pepervlokken, vissaus (indien gebruikt), sojasaus (indien gebruikt) en suiker. Meng goed tot een pasta-achtig mengsel.
d) Voeg de pasta toe aan de radijsblokjes en roer om de radijsjes gelijkmatig met de kruiden te bedekken. Voeg de groene uien en wortels toe (indien gebruikt) en meng alles.
e) Verpak het gekruide radijsmengsel stevig in een schone glazen pot en druk het naar beneden om eventuele luchtbellen te verwijderen. Laat bovenaan ongeveer een centimeter ruimte vrij.
f) Bedek de pot met een deksel, maar sluit deze niet goed af, zodat er tijdens de gisting gas kan ontsnappen. Zet de pot op een koele, donkere plaats, zoals een kast of voorraadkast, en laat hem 2 tot 5 dagen gisten. Controleer de kimchi dagelijks en druk hem aan met een schone lepel om de radijsjes ondergedompeld te houden in de vloeistof die zich zal vormen.
g) Proef de kimchi na 2 dagen om te controleren of het gewenste fermentatieniveau is bereikt. Als het de pittige en lichtzure smaak heeft ontwikkeld die u verkiest, zet de pot dan in de koelkast om het fermentatieproces te vertragen. Ga anders nog een paar dagen door met fermenteren totdat je de gewenste smaak hebt bereikt.
h) Radijs-kimchi kan meteen worden genoten, maar de smaak blijft zich ontwikkelen terwijl het in de koelkast fermenteert. Het kan enkele weken in de koelkast worden bewaard.

6.Snelle Kimchi met komkommer

INGREDIËNTEN:
- 2 komkommers, in dunne plakjes gesneden
- 1 eetlepel zeezout
- 1 eetlepel geraspte gember
- 2 teentjes knoflook, fijngehakt
- 2 eetlepels rijstazijn
- 1 eetlepel suiker
- 1 eetlepel Koreaanse rode pepervlokken (gochugaru)

INSTRUCTIES:
a) Meng de plakjes komkommer met zeezout en laat ze 30 minuten staan. Giet overtollig water af.
b) Meng in een kom gember, knoflook, rijstazijn, suiker en rode pepervlokken om de kimchi-pasta te maken.
c) Bestrijk de plakjes komkommer met de pasta en doe ze in een pot. Zet minimaal 2 uur in de koelkast voordat u het serveert.

7.Veganistische Kimchi

INGREDIËNTEN:
- 1 middelgrote Chinese kool
- 1 kop Koreaanse radijs (mu), in julienne gesneden
- 1/2 kop Koreaans grof zeezout
- 1 eetlepel geraspte gember
- 4 teentjes knoflook, fijngehakt
- 3 eetlepels sojasaus
- 2 eetlepels suiker
- 1 eetlepel Koreaanse rode pepervlokken (gochugaru)

INSTRUCTIES:
a) Snijd de Chinese kool in hapklare stukjes en snijd de Koreaanse radijs in julienne.
b) Bestrooi de kool en radijs in een grote kom met Koreaans grof zeezout. Goed roeren om een gelijkmatige coating te garanderen. Laat het ongeveer 2 uur staan, af en toe keren.
c) Spoel de kool en radijs grondig af onder koud water om overtollig zout te verwijderen. Giet af en zet opzij.
d) Meng in een aparte kom geraspte gember, gehakte knoflook, sojasaus, suiker en Koreaanse rode pepervlokken (gochugaru) tot een pasta.
e) Bestrijk de kool en de radijs met de pasta en zorg ervoor dat ze goed bedekt zijn.
f) Breng het mengsel over in een schone, luchtdichte container en druk het naar beneden om luchtbellen te verwijderen. Laat bovenaan wat ruimte over om de gisting mogelijk te maken.
g) Sluit de container en laat het ongeveer 2-3 dagen bij kamertemperatuur gisten. Bewaar het daarna in de koelkast.

8.Baechu Kimchi (hele kool kimchi)

INGREDIËNTEN:
- 1 hele Chinese kool
- 1 kop Koreaanse radijs (mu), in julienne gesneden
- 1/2 kop Koreaans grof zeezout
- 1 kopje water
- 1 eetlepel geraspte gember
- 5 teentjes knoflook, fijngehakt
- 3 eetlepels vissaus
- 2 eetlepels sojasaus
- 2 eetlepels suiker
- 2 eetlepels Koreaanse rode pepervlokken (gochugaru)

INSTRUCTIES:
a) Snijd de hele Chinese kool in de lengte doormidden en snijd vervolgens elke helft in drieën. Dit resulteert in zes stukken.
b) Los Koreaans grof zeezout op in een kopje water. Bestrooi de kool en de Koreaanse radijs rijkelijk met dit zoutwatermengsel en zorg ervoor dat het tussen de bladeren komt. Laat het ongeveer 2 uur staan, af en toe keren.
c) Spoel de kool en radijs grondig af onder koud water om overtollig zout te verwijderen. Giet af en zet opzij.
d) Meng in een kom geraspte gember, gehakte knoflook, vissaus, sojasaus, suiker en Koreaanse rode pepervlokken (gochugaru) tot een pasta.
e) Bestrijk elk stuk koolblad en radijs met de pasta en zorg ervoor dat ze goed bedekt zijn.
f) Stapel de koolstukjes weer op elkaar om de hele koolvorm te hervormen.
g) Breng de hele kool over in een schone, luchtdichte container en druk hem naar beneden om luchtbellen te verwijderen. Laat bovenaan wat ruimte over om de gisting mogelijk te maken.
h) Sluit de container en laat het ongeveer 2-3 dagen bij kamertemperatuur gisten. Bewaar het daarna in de koelkast.

9. Witte Radijs Kimchi/ Kkakdugi

INGREDIËNTEN:
PEKEL
- 1,5 kg gepelde witte radijs (daikon), zwarte radijs of raap
- 40 g grof zeezout
- 50 g suiker
- 250 ml bruiswater

MARINADE
- 60 g gochugaru _ chilipoeder _
- 110 g gewone (universele) meelsoep
- ½ peer
- ½ ui
- 50 g gefermenteerde ansjovissaus
- 60 g teentjes knoflook
- 1 theelepel gemalen gember
- 5 cm prei (wit deel)
- ½ eetlepel zeezout 2 eetlepels suiker

INSTRUCTIES:

a) Snijd de radijs in stukken van 1,2 cm dik en vervolgens elk stuk in vieren. Doe ze in een kom en voeg het grof zeezout, de suiker en het bruiswater toe. Meng goed met je handen, zodat de suiker en het zout goed worden ingewreven. Laat ongeveer 4 uur op kamertemperatuur staan. Wanneer de radijsstukjes elastisch worden, is het pekelen klaar. Spoel de radijsstukjes één keer af met water. Laat ze minimaal 30 minuten uitlekken.

b) Meng voor de marinade de gochugaru door de koude bloemsoep (dezelfde bereidingstechniek als voor de rijstmeelsoep, pagina 90). Pureer de peer, ui en gefermenteerde ansjovissaus in een kleine keukenmachine en meng met het gochugaru bloemmengsel. Pers de knoflook en roer deze samen met de gemalen gember door het mengsel. Snijd de prei in dunne plakjes en roer door het mengsel. Maak de smaak af met het zeezout en de suiker.

c) Meng de radijsstukjes met de marinade. Plaats het in een luchtdichte container en vul deze tot 70% vol. Dek af met plasticfolie en druk aan om zoveel mogelijk lucht te verwijderen.

d) Sluit het deksel goed. Laat het 24 uur in het donker op kamertemperatuur staan en bewaar het vervolgens maximaal 6 maanden in de koelkast. De smaak van deze kimchi komt het beste tot zijn recht als hij goed gefermenteerd is, dat wil zeggen na ongeveer 3 weken.

10. Bieslook Kimchi/Pa-Kimchi

INGREDIËNTEN:
PEKEL
- 400 g knoflookbieslook
- 50 g gefermenteerde ansjovissaus

MARINADE
- 40 g gochugaru _ chilipoeder _
- 30 g rijstmeelsoep
- ¼ peer
- ¼ ui
- 25 g knoflookteentjes
- 1 eetlepel ingemaakte citroen
- ½ theelepel gemalen gember 1 eetlepel suiker

INSTRUCTIES:
a) Was de bieslookstengels goed en verwijder de wortels. Doe het bosje bieslook, met de bollen naar beneden, in een grote kom. Giet de ansjovissaus over de bieslook, direct op het onderste gedeelte. Alle stelen moeten goed bevochtigd zijn. Help de saus met je handen te verspreiden en strijk van onder naar boven glad. Verplaats de saus elke 10 minuten op dezelfde manier van de bodem van de kom naar de bovenkant van de stengels en blijf dit gedurende 30 minuten doen.

b) Roer het chilipoeder door de rijstmeelsoep. Pureer de peer en de ui samen in een kleine keukenmachine en pers de knoflook. Meng met de rijstmeelsoep. Giet het mengsel in de kom met de bieslook. Voeg de ingemaakte citroen, gemalen gember en suiker toe. Meng door elke bieslookstengel met de marinade te bedekken.

c) Plaats in een luchtdichte container, gevuld tot 70% vol. Dek af met plasticfolie en druk aan om zoveel mogelijk lucht te verwijderen.

d) Sluit het deksel goed. Laat het 24 uur in het donker op kamertemperatuur staan en bewaar het vervolgens maximaal 1 maand in de koelkast.

11.Ui Kimchi Met Peper

INGREDIËNTEN:
- 4 bosjes (ongeveer 35 stengels) lente- of groene uien
- 2 eetlepels. koosjer zout
- 4 teentjes knoflook
- Stukje verse gember van 1 inch, schil verwijderd
- 1 eetlepel. rode bootvissaus of andere vissaus zonder MSG en bewaarmiddelen (laat weg als je vegan kimchi wilt)
- ½ kopje grove hete pepervlokken (gochugaru)

INSTRUCTIES:

a) Was de lente-uitjes, snijd de wortels weg, pel de buitenste dunne laag en verwijder alle oude of beschadigd uitziende groene delen rond de uien. Als de uien schoon en klaargemaakt zijn, spoel ze dan opnieuw af met koud water.

b) Plaats de uien in een glazen schaal, zoals een ovenschaal van het merk Pyrex van 9 x 13 inch. Strooi zout over de uien. Gebruik je handen om het zout gelijkmatig rond de uien te mengen en laat het 2 uur staan. Meng de uien na 1 uur. Spoel na 2 uur het zout weg met koud water en laat uitlekken in een vergiet.

c) Voeg in een keukenmachine knoflook, gember en vissaus toe en pulseer tot puree. Doe het mengsel in een middelgrote kom en voeg de hete pepervlokken toe. Goed mengen.

d) Voeg in een andere grote glazen schaal, zoals de ovenschaal van het merk Pyrex 9 x 13 inch, het gespoelde uien- en pepermengsel toe. Snijd de uien in stukjes van 2 inch. Bestrijk de lente-uitjes goed met het mengsel en meng opnieuw. Doe de uien, gesmoord in de kimchi-basis, in een schone pot of een ander fermentatievat naar keuze.

e) Verpak de uien goed, maar laat ongeveer 2,5 cm ruimte vrij tussen de uien en de rand van de pot.

f) Bedek elke pot of pot met een kaasdoek of een andere ademende hoes om te voorkomen dat stof en insecten in je gist terechtkomen. Of, als je in een pot fermenteert, kun je ook het deksel van de inmaakpot toevoegen en de ring stevig vastschroeven. Als je het deksel toevoegt, moet je het ferment dagelijks laten 'boeren' om eventueel opgehoopt gas dat tijdens de fermentatie ontstaat vrij te laten. Bewaren bij kamertemperatuur, idealiter tussen 16ºC (60ºC) en 24ºC (75ºC). Uit direct zonlicht houden.

g) Fermenteer bij kamertemperatuur gedurende 2 dagen, doe het in een luchtdichte verpakking en zet het in de koelkast. Het uienmengsel zal in de koelkast langzaam verder gisten. Je kunt het ferment op elk moment eten, maar de smaken zullen blijven veranderen en zijn idealiter het lekkerst rond de periode van twee weken.

12. Groene Kool Kimchi

INGREDIËNTEN:
- 1 recept Basisgroene koolzuurkool, in vierkanten van 2 inch gesneden
- 5 eetlepels Kimchisaus

INSTRUCTIES
a) Meng het zout en het water in een grote kom; Meng om het zout op te lossen. Voeg de kool toe en laat 2 uur weken.
b) Giet af en gooi het water uit de kool weg. Trek handschoenen aan om je handen te beschermen, voeg de Kimchi-saus toe en wrijf de kool in.
c) Doe het mengsel in een glazen pot van ½ gallon en sluit het deksel goed. Laat een dag staan op kamertemperatuur. Na opening in de koelkast bewaren.
d) In de koelkast 2 weken houdbaar.

13. Gevulde Mini Komkommer Kimchi

INGREDIËNTEN:
- 8 mini-komkommers
- 1 eetlepel zeezout

VULLING
- 1 kopje julienned daikon-radijs
- ¼ kopje julienne gele ui
- 2 julienne groene uien
- 2 eetlepels Kimchisaus

INSTRUCTIES:
a) Snijd elke komkommer in de lengte door, maar laat 2,5 cm aan de onderkant ongesneden. Draai en snijd opnieuw in de lengte, waarbij u opnieuw 2,5 cm aan de onderkant ongesneden laat. (De basis van 1 inch houdt de vier gesneden kwartalen van elke komkommer bij elkaar.)
b) Plaats de komkommers op de bodem van een schaaltje of kom en strooi zout in het vruchtvlees en aan de buitenkant van de komkommers. Zet 2 uur weg bij kamertemperatuur.
c) Giet af en gooi het vocht uit de komkommers weg.
d) Meng de ingrediënten voor de vulling in een aparte kom en meng goed. Gebruik een achtste van het vulmengsel per komkommer, vul de open ruimtes van elke komkommer en plaats de komkommerkwarten strak tegen de vulling.
e) cukes achterlaten). Sluit de deksels goed en geniet van de volgende dag.
f) In de koelkast 3 dagen houdbaar.

KOKEN MET KIMCHI

14.Kimchi Roerbak/Kimchi- Bokkeum

INGREDIËNTEN:
- 2 kwart Chinese kool kimchi
- 3 cm prei (wit gedeelte)
- 2 eetlepels neutrale plantaardige olie
- 1½ eetlepel suiker
- 1 eetlepel sesamolie

INSTRUCTIES:

a) Snijd de kimchi-kwarten van de kool in reepjes van 2 cm breed.
b) Snijd de prei.
c) Bestrijk een koekenpan met de plantaardige olie en roerbak de prei op hoog vuur tot hij geurig is. Voeg de kimchi en suiker toe aan de pan. Roerbak op middelhoog vuur gedurende 5 tot 10 minuten, tot de kimchi half zacht is. Als de kimchi te droog lijkt, voeg dan tijdens het koken 3 eetlepels water toe.
d) Zet het vuur uit maar laat de pan op de kookplaat of kookplaat staan. Besprenkel met de sesamolie en meng het geheel.

15.Kimchee-noedels

INGREDIËNTEN:
- 1 ½ kopje kimchee
- 1 pakje instant ramennoedels met oosterse smaak
- 1 pakjes (12 ounces) Spam, in blokjes
- 2 eetlepels plantaardige olie

INSTRUCTIES:
a) Kook de noedels volgens de instructies op de verpakking. Zet de pan op middelhoog vuur. Verhit de olie erin. Bak de spamstukken gedurende 3 minuten.
b) Roer de noedels erdoor nadat ze zijn uitgelekt en kook ze nog 3 minuten.
c) Roer de kimchee erdoor en kook ze 2 minuten. serveer je noedels warm.

16. Kimchi Gebakken Rijst Met Spam

INGREDIËNTEN:
- 3 eetlepels koolzaadolie, verdeeld
- ¾ kopje in blokjes gesneden spam
- 1 kopje gehakte kimchi
- 2 eetlepels kimchi-sap
- 1 eetlepel sojasaus
- 1 eetlepel gochugaru (Koreaanse rode pepervlokken)
- 2 eetlepels ongezouten boter
- 3 ½ kopjes gekookte witte rijst
- 1 eetlepel sesamolie
- 3 eieren

OPTIONEEL:
- Gehakte lente-uitjes
- Fijngeraspte nori (geroosterd zeewier)
- Geroosterde sesamzaadjes

INSTRUCTIES:
a) Verhit 2 eetlepels canola-olie op middelhoog vuur in een pan met anti-aanbaklaag of gietijzeren koekenpan.
b) Voeg de in blokjes gesneden Spam toe aan de koekenpan en bak deze tot hij lichtbruin wordt, wat ongeveer 5 minuten duurt.
c) Voeg de gehakte kimchi, het kimchi-sap, de sojasaus en de gochugaru toe aan de koekenpan. Bak dit mengsel gedurende 5 tot 10 minuten.
d) Doe de ongezouten boter in de pan en roer tot deze smelt.
e) Doe 3 ½ kopjes gekookte rijst in de pan en meng goed totdat alle rijst bedekt is met de kimchi en de saus.
f) Proef de gebakken rijst op smaak en pas indien nodig aan. Als het te zout is, kun je extra rijst toevoegen om de smaken in evenwicht te brengen.
g) Voeg de sesamolie toe aan de gebakken rijst en meng het goed.
h) Zet het vuur uit en zet de rijst opzij.
i) Verhit in een aparte koekenpan met anti-aanbaklaag 1 eetlepel koolzaadolie op middelhoog vuur.
j) Bak de eieren tot de gewenste gaarheid, bij voorkeur met de zonnige kant naar boven.
k) Serveer de kimchi gebakken rijst met daarop een gebakken ei en garneer indien gewenst met gehakte lente-uitjes, geraspte nori en sesamzaadjes.
l) Geniet van je heerlijke Kimchi Gebakken Rijst Met Spam!

17. Congee-ontbijtschalen uit de slowcooker

INGREDIËNTEN:
- ¾ kopje (125 g) jasmijnrijst
- 4 kopjes (940 ml) water
- 3 kopjes (705 ml) groente- of kippenbouillon
- Een stuk verse gember van 2,5 cm, geschild en in dunne plakjes gesneden
- Kosjer zout en versgemalen zwarte peper
- 3 eetlepels (45 ml) avocado- of extra vergine olijfolie, verdeeld
- 168 g champignons, bij voorkeur cremini of shiitake, in plakjes gesneden
- 6 kopjes (180 g) babyspinazie
- 4 grote eieren
- Kimchi
- Sjalotten, in dunne plakjes gesneden

INSTRUCTIES:
a) Voeg de rijst, het water, de bouillon, de gember en 1 theelepel (6 g) zout toe aan een slowcooker van 3,2 liter of groter en roer door elkaar. Dek af, zet op een lage stand en kook tot de rijst gebroken en romig is, ongeveer 8 uur.
b) Verwijder de gember en gooi deze weg. Roer en schraap de zijkanten en de bodem van de slowcooker. Verdeel de congee over kommen.
c) Verhit 1 eetlepel (15 ml) olie in een grote koekenpan op middelhoog vuur. Voeg de champignons toe, breng op smaak met zout en peper en bak tot ze gaar zijn, ongeveer 5 minuten. Schep de congee erover.
d) Verhit 1 eetlepel (15 ml) olie in dezelfde koekenpan op middelhoog vuur. Voeg de spinazie toe en kook, af en toe roerend, tot het net verwelkt is, ongeveer 2 minuten. Verdeel de spinazie over de kommen.
e) Verhit de resterende 1 eetlepel (15 ml) olie in dezelfde koekenpan en bak de eieren.
f) Voeg de eieren toe aan de kommen congee en bedek met kimchi en
Lente-ui.

18. Rundvlees En Broccoli Kommen Met Kimchi

INGREDIËNTEN:
- 2½ eetlepels (37 ml) avocado- of extra vergine olijfolie, verdeeld
- 1 pond (455 g) rundergehakt
- Kosjer zout en versgemalen zwarte peper
- 1½ eetlepel (23 ml) kokosnootaminos , verdeeld
- ¼ kopje (12 g) gehakte Thaise basilicum
- 455 g rijst-broccoli
- 1 grote (of 2 middelgrote) paksoi
- 2 teentjes knoflook, fijngehakt
- 1 kop (40 g) geraspte radicchio
- 4 lente-uitjes, in dunne plakjes gesneden
- Kimchi
- Taugé
- 1 recept Miso-gembersaus (pagina 23)
- Sesam zaden

INSTRUCTIES:
a) Verhit ½ eetlepel (7 ml) olie in een grote koekenpan op middelhoog vuur. Voeg het rundvlees toe, breng op smaak met zout en peper en kook, waarbij u het vlees met een houten lepel losmaakt, tot het bruin en gaar is, 6 tot 8 minuten. Roer 1 eetlepel (15 ml) kokosnootaminos erdoor en kook nog een minuut. Haal van het vuur en roer de basilicum erdoor.

b) Verhit ondertussen 1 eetlepel (15 ml) olie in een aparte koekenpan op middelhoog vuur. Voeg de broccolirijst , het zout en de peper toe en kook, onder af en toe roeren, tot de broccoli lichtjes zacht is, 3 tot 5 minuten. Verdeel over kommen.

c) Verhit de resterende 1 eetlepel (15 ml) olie in dezelfde koekenpan, voeg de paksoi toe en roer om. Voeg de knoflook en een snufje zout toe en bak, af en toe roerend, tot het net geslonken is. Roer de resterende ½ eetlepel (7 ml) kokosnootaminos erdoor en kook nog 1 minuut.

d) Voeg voor het serveren de paksoi en radicchio toe aan de kommen met de broccoli. Beleg met rundvlees, lente-uitjes, kimchi en taugé, besprenkel met miso-gembersaus en bestrooi met sesamzaadjes.

19. Varkensvlees En Kimchi Roerbak/Kimchi- Jeyuk

INGREDIËNTEN:
- 600 g varkensschouder zonder been
- 3 eetlepels suiker
- 350 g Chinese koolkimchi
- 10 cm prei (wit gedeelte)
- 50 ml (klein ¼ kopje) witte alcohol (soju of gin)
- 40 g pikante marinade
- 1 eetlepel gefermenteerde ansjovissaus

TOFU
- 200 g stevige tofu
- 3 eetlepels neutrale plantaardige olie
- Zout

INSTRUCTIES:

a) Snijd het varkensvlees in dunne plakjes met een zeer scherp mes. Het kan 4 uur worden ingevroren voordat het wordt gesneden. Marineer de plakjes varkensvlees gedurende 20 minuten in de suiker. Snijd de kool in reepjes van 2 cm breed. Snijd de prei diagonaal in stukken van 1 cm dik. Meng de kimchi, witte alcohol en pikante marinade door het varkensvlees.

b) Verhit een koekenpan op hoog vuur en roerbak het varkensvlees-kimchi-mengsel gedurende 30 minuten. Voeg tijdens het koken een beetje water toe als het mengsel te droog lijkt. Voeg de prei toe en roerbak nog 10 minuten. Breng op smaak met de gefermenteerde ansjovissaus.

c) Snijd ondertussen de tofu in rechthoeken van 1,5 cm. Verhit een koekenpan bedekt met de plantaardige olie. Bak op middelhoog vuur tot alle zijkanten mooi goudbruin zijn. Gebruik een spatel en een lepel om de tofustukjes om te draaien, zodat ze niet breken. Kruid elke kant tijdens het koken met zout. Laat de tofu na het koken afkoelen op keukenpapier.

d) Leg een stuk kimchi en varkensvlees op een rechthoek tofu en eet samen.

20. Rundvleeskommen Met Courgettenoedels En Kimchi

INGREDIËNTEN:
- ¾ kopje (125 g) bruine rijst
- 2½ kopjes (590 ml) water, verdeeld
- Kosjer zout en versgemalen zwarte peper
- 1 kop (110 g) geraspte wortel
- 1 kopje (235 ml) rijstazijn
- 2 eetlepels (30 ml) tamari
- 2 theelepels (12 g) honing
- 1 theelepel (5 ml) geroosterde sesamolie
- ¼ theelepel rode pepervlokken
- 1 pond (455 g) rundergehakt
- 2 lente-uitjes, in dunne plakjes gesneden
- 1 eetlepel (15 ml) avocado- of extra vergine olijfolie
- 6 verpakte kopjes (180 g) babyspinazie
- 2 teentjes knoflook, fijngehakt
- 225 gram courgettenoedels
- Kimchi
- 1 recept Miso-gembersaus (pagina 23)
- Sesam zaden

INSTRUCTIES:

a) Voeg de rijst, 1½ kopje (355 ml) water en een flinke snuf zout toe aan een middelgrote pan en breng aan de kook. Zet het vuur laag, dek af en kook tot de rijst gaar is, ongeveer 40 minuten. Haal van het vuur en stoom de rijst met deksel op de pan gedurende 10 minuten.

b) Voeg de geraspte wortels toe aan een middelgrote kom. Breng de azijn, de resterende 235 ml water en 1 theelepel (6 g) zout aan de kook in een middelgrote pan, al roerend om het zout op te lossen. Giet de hete vloeistof over de wortels; opzij zetten.

c) Meng de tamari, honing, sesamolie en rode pepervlokken in een kleine kom; opzij zetten.

d) Verhit een grote koekenpan op middelhoog vuur. Voeg het rundvlees toe, breng op smaak met zout en peper en kook, waarbij u het vlees met een houten lepel losmaakt, tot het bruin en gaar is, 6 tot 8 minuten. Roer het tamarimengsel en de lente-uitjes erdoor en kook nog 1 minuut.

e) Verhit ondertussen de olie in een aparte koekenpan op middelhoog vuur. Voeg de spinazie en knoflook toe en breng op smaak met een snufje zout en peper. Kook, af en toe roerend, tot het net verwelkt is, 2 tot 3 minuten.

f) Giet de vloeistof uit de wortels. Verdeel de rijst- en courgettenoedels over kommen. Werk af met rundvlees, knoflookspinazie, ingelegde wortels en kimchi. Besprenkel met miso-gembersaus en bestrooi met sesamzaadjes.

21.Kimchi- frietjes

INGREDIËNTEN:
- 4 grote aardappelen, in frietjes gesneden
- 2 eetlepels plantaardige olie
- 1 kop kimchi, uitgelekt en gehakt
- ¼ kopje mayonaise
- 1 eetlepel sesamolie
- 1 eetlepel sesamzaadjes
- 2 groene uien, in dunne plakjes gesneden
- Zout en peper naar smaak

INSTRUCTIES:
a) Verwarm de oven voor op 220°C (425°F) en bekleed een bakplaat met bakpapier.
b) Meng de frietjes in een grote kom met plantaardige olie, zout en peper.
c) Verdeel de frietjes in een enkele laag op de bakplaat en bak ze 25-30 minuten, of tot ze knapperig zijn.
d) Meng de mayonaise en sesamolie in een kleine kom.
e) Haal de frietjes uit de oven en doe ze in een serveerschaal.
f) Bestrijk de frietjes met gehakte kimchi, besprenkel met het sesam-mayo-mengsel en bestrooi met sesamzaadjes en gesneden groene uien.
g) Serveer warm en geniet van de unieke smaken van kimchi-frietjes.

22.Koreaanse rundvlees- en uientaco's

INGREDIËNTEN:
- 2 eetlepels gochujang
- 1 eetlepel sojasaus
- 2 eetlepels sesamzaadjes
- 2 theelepels gehakte verse gember
- 2 teentjes knoflook, fijngehakt
- 2 eetlepels geroosterde sesamolie
- 2 theelepels suiker
- ½ theelepel koosjer zout
- 1½ pond (680 g) dun gesneden runderlapje
- 1 middelgrote rode ui, in plakjes gesneden
- 6 maïstortilla's, opgewarmd
- ¼ kopje gehakte verse koriander
- ½ kopje kimchi
- ½ kopje gehakte groene uien

INSTRUCTIES:
a) Combineer de gochujang, sojasaus, sesamzaadjes, gember, knoflook, sesamolie, suiker en zout in een grote kom. Roer om goed te mengen.
b) Dompel het stuk rundvlees in de marinade en druk het onder, dek de kom af en laat het minstens 1 uur in de koelkast marineren.
c) Haal het stuk rundvlees uit de marinade en leg het op een bakplaat. Voeg de uien erbovenop toe.
d) Grill gedurende 12 minuten op 205ºC (400ºC).
e) Roer het mengsel halverwege de kooktijd door.
f) Vouw de tortilla's open op een schoon werkoppervlak en verdeel het gebakken rundvlees en de ui over de tortilla's.
g) Verdeel de koriander, kimchi en groene uien erover.
h) Serveer onmiddellijk.

23. Koreaanse Kimchi Jjigae (stoofpot)

INGREDIËNTEN:
- ½ pond buikspek, in dunne plakjes gesneden
- 1 kleine ui, in dunne plakjes gesneden
- 3 teentjes knoflook, fijngehakt
- 2 kopjes kimchi, gehakt, met sap
- 1 blok (ongeveer 14 ons) zachte tofu, in blokjes
- 2 eetlepels gochugaru (Koreaans chilipoeder)
- 4 kopjes water of ongezouten kippenbouillon
- 2 groene uien, gehakt (voor garnering)
- Gestoomde rijst (voor serveren)

INSTRUCTIES:
a) Begin met het instellen van uw Instant Pot op de "Sauté" -functie.
b) Voeg het in dunne plakjes gesneden buikspek toe en bak ongeveer 2-3 minuten tot het bruin begint te worden en het vet vrijkomt.
c) Voeg de dun gesneden ui en de gehakte knoflook toe aan de Instant Pot. Bak nog 2-3 minuten tot de ui glazig wordt.
d) Roer de gehakte kimchi en het sap erdoor. Bak nog eens 2 minuten om de smaken te combineren.
e) Voeg de in blokjes gesneden zachte tofu toe aan de Instant Pot en wees voorzichtig om te voorkomen dat de tofu breekt.
f) Strooi de gochugaru (Koreaans chilipoeder) over de ingrediënten en meng dit erdoor.
g) Giet het water of de ongezouten kippenbouillon erbij om de ingrediënten te bedekken.
h) Sluit het deksel van de Instant Pot en zorg ervoor dat de klep op 'Afdichten' staat.
i) Selecteer de functie "Handmatig" of "Snelkoken" op hoge druk en stel deze in op 5 minuten.
j) Nadat de kookcyclus is voltooid, kunt u de druk snel laten ontsnappen door de klep voorzichtig op "Ontluchten" te draaien.
k) Open voorzichtig het deksel van de Instant Pot en roer de Kimchi Jjigae goed door, zodat alle ingrediënten goed gemengd zijn.
l) Serveer je Instant Pot Koreaanse Kimchi Jjigae warm, gegarneerd met gehakte groene uien.

24.Kimchi En Tofu-soep

INGREDIËNTEN:
- Plantaardige olie, één eetlepel
- Lente-uitjes, zes
- Kimchi, half kopje
- Kippenbouillon, één kopje
- Sojasaus, drie eetlepels
- Zout en peper, naar smaak
- Knoflook- en gemberpasta, één eetlepel
- Tofu, één blok
- Daikon, één

INSTRUCTIES:
a) Verhit olie in een grote pan op hoog vuur.
b) Kook de witte en lichtgroene delen van de lente-uitjes, knoflook en gember, vaak roerend, tot ze zacht en geurig zijn, ongeveer drie minuten.
c) Voeg de bouillon toe en klop de sojasaus erdoor.
d) Voeg daikon toe en laat zachtjes sudderen tot de daikon zacht is, vijftien minuten.
e) Voeg kimchi en tofu toe.
f) Laat sudderen tot de tofu is opgewarmd.
g) Verdeel voorzichtig over kommen.
h) Je soep is klaar om geserveerd te worden.

25.Kimchi En Blauwe Kaascroissants

INGREDIËNTEN:
- ½ portie Moederdeeg, gerezen
- 105 g bloem, om te bestuiven [¼ kopje]
- 1 portie Kimchi-boter
- 200 g blauwe kaas, verkruimeld [7 ounces (1 kop)]
- 1 ei
- 4 g water [½ theelepel]

INSTRUCTIES:
a) Sla het deeg plat en druk het plat op een glad, droog aanrecht. Bestuif het aanrecht, het deeg en een deegroller met bloem en rol het deeg uit tot een rechthoek van ongeveer 8 x 12 inch en gelijkmatig van dikte.
b) Pak het boterkussentje uit de koelkast en plaats het op de ene helft van de deegrechthoek. Vouw de andere helft van de deegrechthoek over het boterkussentje en knijp de randen eromheen dicht.
c) Dek af met plasticfolie en laat 10 minuten rusten op kamertemperatuur.
d) Om de croissants te maken, moet je 3 "dubbele" toeren in het deeg doen om voldoende afwisselende lagen bloem en boter te creëren om de croissants te laten rijzen en in de oven te laten blazen.
e) Om uw eerste dubbele boekomslag te maken, bestuif uw aanrecht, uw deegroller en het deeg met bloem en vergeet niet om ook onder het deeg te bestuiven. Rol het deeg opnieuw uit tot een rechthoek van 8 x 12 inch en gelijkmatig van dikte.
f) Wees voorzichtig met de deegroller en zorg ervoor dat je niet in enig deel van de boterbundel breekt en niet zo hard rolt dat de boter rechtstreeks uit het deeg rolt. Zorg ervoor dat er niet te veel bloem op of onder het deeg achterblijft. Stof het overtollige meel af met je handen.
g) Verdeel je deeg visueel in de lengte in vieren. Vouw de twee buitenste kwarten naar de middenas, of ruggengraat, van de rechthoek deeg, zodat ze elkaar in het midden ontmoeten. Sluit vervolgens het boek en breng de ene rand tegen de andere, met de rug nu opzij. Wikkel het losjes in plastic en plaats het gedurende 30 minuten in de koelkast.
h) Herhaal stap 2 en 3 nog twee keer om in totaal 3 beurten te maken. Zorg er elke keer dat u een beurt begint voor dat de open randen of naad van uw deeg van u af zijn gericht. Soms schrijven we 1, 2 of 3 op het plastic dat we gebruiken om het deeg in te pakken terwijl we er bochten in maken, zodat we de tel niet verliezen. Als je er één te veel draait, zal dit je deeg geen pijn doen;

als je er een overslaat, zul je erg teleurgesteld zijn in je zachte croissants.

i) Voor uw laatste en laatste uitrol bestuift u uw aanrecht, uw deegroller en uw deeg met bloem, en vergeet niet om ook onder het deeg te bestuiven. Rol het deeg uit tot een rechthoek van 8 x 12 inch en gelijkmatig van dikte.

j) Snijd het deeg met een schilmesje of een pizzasnijder in 5 driehoeken, elk 20 cm lang vanaf de puntste punt tot het midden van de zijkant er overheen en 10 cm breed aan de onderkant.

k) Verdeel de blauwe kaas over de croissants en plaats deze in het midden van de brede onderkant van elke driehoek. Begin bij het uiteinde van de blauwe kaas en gebruik één hand om het deeg naar de punt van de driehoek te rollen, terwijl je andere hand de punt vasthoudt en deze voorzichtig wegrekt.

l) Ga door totdat de driehoek volledig is opgerold in de vorm van een halve maan. Zorg ervoor dat de punt van de driehoek onder het lichaam van de halve maan zit, anders zal deze in de oven ontrafelen. Rol de restjes op tot kimchi-croissantknopen of maak babyvarkens in dekens!

m) Breng de croissants over naar een met bakpapier beklede bakvorm en plaats ze op een afstand van 15 cm. Dek lichtjes af met plastic en laat op kamertemperatuur ongeveer 45 minuten in volume verdubbelen.

n) Verwarm de oven tot 375 ° F.

o) Klop het ei en het water samen in een kleine kom. Bestrijk de bovenkant van uw croissants royaal met het eierwasmiddel, met behulp van een borstel.

p) Bak de croissants gedurende 20 tot 25 minuten, of totdat ze in omvang zijn verdubbeld, aan de randen karameliseren en een knapperige buitenlaag hebben die hol klinkt als je erop tikt. Ze zijn killer uit de oven en heerlijk op kamertemperatuur.

26. Kimchi-noedelsalade

INGREDIËNTEN:
- 1 pond bruine rijstnoedels, gekookt, uitgelekt en afgespoeld tot ze afgekoeld zijn
- 2½ kopjes gehakte koolkimchi
- 3 tot 4 eetlepels gochujang
- 1 kop mung taugé
- 4 groene uien (witte en groene delen), in dunne plakjes gesneden
- 1 middelgrote komkommer, gehalveerd, zonder zaadjes en in dunne plakjes gesneden
- 2 eetlepels sesamzaadjes, geroosterd

INSTRUCTIES:
a) Doe de rijstnoedels, kimchi, gochujang en taugé in een grote kom en meng goed.
b) Om te serveren verdeelt u het mengsel over vier afzonderlijke borden en garneer elk bord met de groene uien, plakjes komkommer en sesamzaadjes.

27.Zalm En Kimchi Met Mayo Poke

INGREDIËNTEN:
- 2 theelepel. sojasaus
- 1 theelepel. geraspte verse gember
- 1/2 theelepel. fijngehakte knoflook
- stukjes van 3/4 inch gesneden
- 1 theelepel. geroosterde sesamolie
- 1/2 c. gehakte kimchi
- 1/2 c. dun gesneden lente-uitjes (alleen groene delen)
- Zout naar smaak

INSTRUCTIES:

a) Meng de sojasaus, gember en knoflook in een kleine kom. Roer en laat de gember en knoflook ongeveer 5 minuten staan om zacht te worden.

b) Meng de zalm in een middelgrote kom met de sesamolie totdat deze gelijkmatig bedekt is - dit voorkomt dat de zuurgraad in de kimchi de vis "kookt". Voeg het mengsel van kimchi, lente-uitjes en sojasaus toe.

c) Vouw voorzichtig totdat het grondig gemengd is. Proef en voeg indien nodig zout toe; als je kimchi al goed gekruid is, heb je misschien geen zout nodig.

d) Serveer onmiddellijk, of dek het goed af en laat het maximaal een dag in de koelkast staan. Als je de poke laat marineren, proef hem dan vlak voor het serveren nog een keer; Mogelijk moet je het op smaak brengen met een snufje zout.

28.Kimchi Zalmpoke

INGREDIËNTEN:
- 2 theelepel. sojasaus
- 1 theelepel. geraspte verse gember
- 1/2 theelepel. fijngehakte knoflook
- 1 pond zalm, in stukjes van 3/4 inch gesneden
- 1 theelepel. geroosterde sesamolie
- 1/2 c. gehakte kimchi
- 1/2 c. dun gesneden lente-uitjes (alleen groene delen)
- Zout naar smaak

INSTRUCTIES:
a) Meng in een kleine kom sojasaus, geraspte verse gember en gehakte knoflook. Roer en laat de gember en knoflook ongeveer 5 minuten staan om zacht te worden.
b) Meng de zalm in een middelgrote kom met geroosterde sesamolie tot hij gelijkmatig bedekt is. Dit voorkomt dat de zuurgraad in de kimchi de vis "kookt".
c) Voeg gehakte kimchi, in dunne plakjes gesneden lente-uitjes en het sojasausmengsel toe aan de kom met zalm. Vouw voorzichtig totdat het grondig gemengd is.
d) Proef de poke en voeg indien nodig zout toe. Als de kimchi al goed gekruid is, heb je mogelijk geen extra zout nodig.
e) Serveer onmiddellijk, of dek het goed af en laat het maximaal een dag in de koelkast staan. Als u gaat marineren, proef dan vlak voor het serveren nogmaals en pas indien nodig het zout aan.

29.Koreaanse BBQ- varkensvlees-pokebowl

INGREDIËNTEN:
- 1 pond varkenshaas, in dunne plakjes gesneden
- 1/4 kop sojasaus
- 2 eetlepels gochujang (Koreaanse rode peperpasta)
- 1 eetlepel sesamolie
- 1 eetlepel bruine suiker
- 1 kopje kimchi
- 1 komkommer, in plakjes gesneden
- 2 kopjes gekookte kortkorrelige rijst
- Sesamzaadjes ter garnering

INSTRUCTIES:
a) Meng sojasaus, gochujang, sesamolie en bruine suiker om de marinade te maken.
b) Marineer de dun gesneden varkenshaas minimaal 30 minuten in het mengsel.
c) Kook het gemarineerde varkensvlees in een hete koekenpan tot het bruin en gaar is.
d) Zet kommen in elkaar met kortkorrelige rijst als basis.
e) Beleg met Koreaans BBQ-varkensvlees, kimchi, gesneden komkommer en bestrooi met sesamzaadjes.

30. Probiotische loempia's

INGREDIËNTEN:
VOOR DE LOEMPOLLEN:
- 8-10 rijstpapierverpakkingen
- 2 kopjes gemengde verse groenten (bijv. sla, komkommer, wortel, paprika), julienne
- 1 kopje verse kruiden (bijvoorbeeld munt, koriander, basilicum)
- 1 kop kimchi of zuurkool, uitgelekt en gehakt
- 1 kop gekookt eiwit (bijvoorbeeld gekookte garnalen, tofu of geraspte kip) (optioneel)
- Rijstvermicelli-noedels, gekookt en gekoeld (optioneel)

VOOR DE DIPSAUS:
- ¼ kopje sojasaus of tamari (voor een glutenvrije optie)
- 2 eetlepels rijstazijn
- 1 eetlepel honing of ahornsiroop
- 1 teentje knoflook, fijngehakt
- ½ theelepel geraspte verse gember
- Een snufje rode pepervlokken (optioneel, voor warmte)
- Sesamzaad of gehakte pinda's voor garnering (optioneel)

INSTRUCTIES:
a) Julienne de gemengde verse groenten, hak de kruiden fijn en laat uitlekken en hak de kimchi of zuurkool fijn. Als u eiwitten (garnalen, tofu of kip) gebruikt, laat deze dan koken en klaarmaken. Kook indien gewenst de rijstvermicelli-noedels en laat ze afkoelen.
b) Vul een grote ondiepe schaal met warm water. Dompel een rijstpapiervelletje ongeveer 10-15 seconden in het warme water, of totdat het soepel wordt.
c) Leg de verzachte rijstpapierverpakking op een schoon, vlak oppervlak.
d) Begin met het toevoegen van een klein handje gemengde verse groenten en kruiden in het midden van de wikkel.
e) Als je eiwitten of noedels gebruikt, voeg deze dan toe aan de groenten.
f) Schep een eetlepel of twee gehakte kimchi of zuurkool over de andere ingrediënten.
g) Vouw de zijkanten van het rijstpapiervelletje over de vulling.
h) Begin vanaf de onderkant met rollen en stop de vulling stevig in.
i) Rol tot de loempia dichtgeplakt is en de naad aan de onderkant zit.
j) Ga verder met het maken van loempia's met de overige ingrediënten.
k) Meng in een kleine kom de sojasaus of tamari, rijstazijn, honing of ahornsiroop, gehakte knoflook, geraspte gember en rode pepervlokken als je een beetje pit wilt.
l) Serveer de probiotische loempia's met de dipsaus ernaast.
m) Garneer eventueel met sesamzaadjes of gehakte pinda's.

31.Kimchi Ramen

INGREDIËNTEN:
- 8 kopjes water
- 4 pakjes ramennoedels (gooi de kruidenzakjes weg)
- 2 kopjes kimchi, gehakt
- 4 kopjes groente- of champignonbouillon
- 1 kopje gesneden shiitake-paddenstoelen
- 1 kop babyspinazie
- 2 groene uien, in plakjes gesneden
- 2 eetlepels sojasaus (of tamari voor een glutenvrije optie)
- 2 eetlepels sesamolie
- 2 theelepels rijstazijn
- 1 theelepel geraspte gember
- 1 theelepel gehakte knoflook
- ½ theelepel rode pepervlokken (aanpassen aan jouw kruidenvoorkeur)
- Zachtgekookte of gebakken eieren voor garnering (optioneel)

INSTRUCTIES:
a) Breng in een grote pan 8 kopjes water aan de kook. Voeg de ramennoedels toe en kook volgens de instructies op de verpakking tot ze al dente zijn. Giet af en zet opzij.
b) Meng in dezelfde pot de gehakte kimchi, groente- of champignonbouillon, gesneden shiitake-champignons, babyspinazie en groene uien. Breng het mengsel aan de kook.
c) Meng in een kleine kom de sojasaus, sesamolie, rijstazijn, geraspte gember, gehakte knoflook en rode pepervlokken om de kimchi ramen-kruiden te creëren.
d) Giet de kruiden in de kokende bouillon en roer om te combineren. Laat nog eens 5 minuten sudderen, zodat de smaken zich kunnen vermengen.
e) Verdeel de gekookte ramennoedels over vier serveerschalen.
f) Schep de kimchi ramenbouillon over de noedels.
g) Indien gewenst kunt u elke kom bedekken met een zachtgekookt of gebakken ei voor extra eiwitten.
h) Serveer uw Kimchi Ramen als een smaakvol en probiotisch rijk comfortfood.

32. Gefermenteerde groentestoofpot

INGREDIËNTEN:
- 2 kopjes gemengde gefermenteerde groenten (bijvoorbeeld zuurkool, kimchi, augurken)
- 1 ui, gehakt
- 2 wortels, in blokjes gesneden
- 2 stengels bleekselderij, in blokjes gesneden
- 2 teentjes knoflook, fijngehakt
- 6 kopjes groentebouillon
- tomatenblokjes (14 oz).
- 1 kopje gekookte bonen (bijvoorbeeld bruine bonen, zwarte bonen)
- 1 theelepel gedroogde tijm
- Zout en peper naar smaak
- Verse kruiden voor garnering (bijv. peterselie, dille)

INSTRUCTIES:
a) Verhit een beetje olie in een grote soeppan op middelhoog vuur. Voeg de gesnipperde ui, de in blokjes gesneden wortel en de in blokjes gesneden bleekselderij toe. Bak tot de groenten zacht beginnen te worden, ongeveer 5 minuten.
b) Roer de gehakte knoflook erdoor en bak nog een minuut tot het geurig is.
c) Voeg de gemengde gefermenteerde groenten, groentebouillon, in blokjes gesneden tomaten (met hun sap), gekookte bonen en gedroogde tijm toe aan de pot. Breng het mengsel aan de kook.
d) Zet het vuur laag, dek af en laat ongeveer 20-25 minuten sudderen, zodat de smaken zich kunnen vermengen.
e) Breng de stoofschotel op smaak met peper en zout.
f) Garneer voor het serveren met verse kruiden.

33.Quinoa En Kimchi-salade

INGREDIËNTEN:
- 1 kopje quinoa, gekookt en gekoeld
- 1 kop kimchi, gehakt
- ½ kopje komkommer, in blokjes gesneden
- ½ kopje rode paprika, in blokjes gesneden
- 2 groene uien, in plakjes gesneden
- 2 eetlepels sojasaus (of tamari voor een glutenvrije optie)
- 1 eetlepel sesamolie
- 1 eetlepel rijstazijn
- 1 theelepel honing of ahornsiroop
- Sesamzaad en gehakte koriander voor garnering (optioneel)

INSTRUCTIES:
a) Meng in een grote mengkom de gekookte en afgekoelde quinoa, gehakte kimchi, in blokjes gesneden komkommer, in blokjes gesneden rode paprika en gesneden groene uien.

b) Klop in een aparte kom de sojasaus, sesamolie, rijstazijn en honing (of ahornsiroop) samen om de dressing te maken.

c) Giet de dressing over het quinoa-kimchi-mengsel. Meng alles door elkaar tot het goed gemengd is.

d) Dek de salade af en zet hem minimaal 30 minuten in de koelkast, zodat de smaken zich kunnen vermengen.

e) Garneer voor het serveren met sesamzaadjes en gehakte koriander.

34. Probiotische Guacamole

INGREDIËNTEN:
- 3 rijpe avocado's, geschild en ontpit
- ½ kopje gewone Griekse yoghurt (of zuivelvrij alternatief)
- ½ kopje in blokjes gesneden tomaten
- ¼ kopje in blokjes gesneden rode ui
- ¼ kopje gehakte verse koriander
- 1 teentje knoflook, fijngehakt
- Sap van 1 limoen
- Zout en peper naar smaak
- Optioneel: ½ kopje gehakte kimchi voor extra probiotische goedheid

INSTRUCTIES:
a) Pureer de rijpe avocado's in een mengkom met een vork of aardappelstamper tot een gladde massa of de gewenste brokjes.
b) Voeg de gewone Griekse yoghurt, in blokjes gesneden tomaten, in blokjes gesneden rode ui, gehakte koriander, gehakte knoflook en limoensap toe aan de gepureerde avocado's.
c) Meng alles tot het goed gemengd is.
d) Als je een extra probiotische kick wilt toevoegen, vouw dan de gehakte kimchi erdoor.
e) Breng uw probiotische guacamole op smaak met zout en peper.
f) Serveer met tortillachips, groentesticks of als topping voor taco's en burrito's.

35.Kimchi-saus

INGREDIËNTEN:
- 1 kopje Koreaanse chilivlokken
- ½ kopje water
- 4 eetlepels Knoflookpasta
- 2 theelepels gehakte verse gember
- 1 eetlepel fijn zeezout
- 2 eetlepels agavesiroop

INSTRUCTIES:
a) Doe alle ingrediënten in een mengkom. Meng met een rubberen spatel tot een gladde pasta. Breng de pasta over in een glazen pot met deksel.
b) In de koelkast is het, indien afgesloten in een luchtdichte pot, 2 maanden houdbaar.

36. In blokjes gesneden Daikon Radijs Kimchi

INGREDIËNTEN:
- 2 pond daikon-radijsjes (2 grote), in blokjes van 1 inch gesneden
- 2 eetlepels grof zeezout
- ½ kopje Kimchi-saus
- 4 groene uien, in stukken van 1 inch gesneden
- 1 kleine appel, geschild, klokhuis verwijderd en geraspt

INSTRUCTIES

a) Doe de daikonblokjes en eventuele blaadjes in een grote kom. Bestrooi met het zeezout en laat 2 uur op kamertemperatuur staan om te laten slinken.

b) Giet eventuele vloeistof uit de daikon en plaats de blokjes en bladeren in een droge kom. Voeg de Kimchisaus toe. Trek een paar handschoenen aan en wrijf de daikon in met de Kimchi-saus. Voeg de groene ui en appel toe en meng goed.

c) Doe het mengsel in een glazen pot van 1 liter en sluit het deksel goed. Laat een dag op kamertemperatuur staan om te pekelen. Koud bewaren na openen.

d) In de koelkast 2 weken houdbaar.

37.Hartige pannenkoeken

INGREDIËNTEN:
- 1-1/2 kopjes gevilde, gele mungbonen
- 1 kopje sap
- 1/4 kopje water
- 3/4 kop gehakte kimchi
- 1/2 kopje taugé
- 3 groene uien gesnipperd en in stukjes van 7,5 cm gesneden
- 1 eetlepel gehakte knoflook
- 1 eetlepel gehakte gember
- 1 eetlepel vissaus
- 1 eetlepel sesamolie
- Kokende olie

DIPSAUS
- 1/2 kopje sojasaus
- 1/4 kopje rijstazijn
- 1 eetlepel sesamolie
- 1/2 theelepel gochucharu
- 1/4 theelepel sesamzaadjes
- 1 gehakte groene ui

INSTRUCTIES:
a) Week de mungbonen een nacht in water. Doe bonen, kimchi, sap, water, knoflook, gember, vissaus en sesamolie in een blender.

b) Pulseer de ingrediënten tot een beslag. Meng niet te lang : het beslag moet grof en een beetje korrelig zijn. Als het te dik is, voeg dan nog een beetje water toe. Doe het beslag in een grote kom en meng de kimchi, taugé en groene uien erdoor. Laat het beslag in batches op een hete, geoliede koekenpan vallen.

c) Bak aan elke kant tot ze bruin en knapperig zijn. Leg de pannenkoeken op keukenpapier om overtollige olie te absorberen. Eet met de dipsaus.

38. Spek En Kimchi Paella Met Kip

INGREDIËNTEN:
- 1 kop Arboriorijst (of een andere kortkorrelige rijst die geschikt is voor paella)
- 2 kipfilets zonder bot en vel, in hapklare stukjes gesneden
- 4-6 plakjes spek, gehakt
- 1 kop kimchi, gehakt
- 1 ui, fijngehakt
- 2 teentjes knoflook, fijngehakt
- 1 rode paprika, in plakjes gesneden
- 1 kopje bevroren erwten
- 1 theelepel paprikapoeder
- ½ theelepel gerookte paprikapoeder (optioneel)
- ¼ theelepel saffraandraadjes (optioneel)
- 2 kopjes kippenbouillon
- ½ kopje witte wijn
- Zout en zwarte peper naar smaak
- 2 eetlepels olijfolie
- Gehakte verse peterselie voor garnering

INSTRUCTIES:
a) Begin met het weken van de saffraandraadjes in 2 eetlepels warm water en zet dit opzij. Dit zal helpen de smaak en kleur vrij te geven.
b) Verhit de olijfolie in een grote pan met platte bodem of paellapan op middelhoog vuur. Voeg het gehakte spek toe en bak tot het knapperig wordt. Haal het spek uit de pan en leg het opzij, maar laat het spekvet in de pan.
c) Kruid de stukken kip met zout, zwarte peper en paprikapoeder. Voeg de kip toe aan dezelfde pan en kook tot hij bruin en gaar is. Haal de kip uit de pan en zet hem opzij.
d) Voeg in dezelfde pan de gesnipperde ui, knoflook en gesneden rode paprika toe. Fruit ze tot de uien glazig worden en de paprika zacht wordt.
e) Voeg de Arborio-rijst toe aan de pan en roer een paar minuten om de rijst lichtjes te roosteren.
f) Giet de witte wijn erbij en kook tot deze grotendeels door de rijst is opgenomen.

g) Voeg de gehakte kimchi en het gekookte spek toe aan de pan en meng alles.
h) Voeg de saffraandraden toe samen met het weekvocht, de gerookte paprikapoeder (indien gebruikt) en 1 kopje kippenbouillon. Goed roeren.
i) Ga door met het koken van de paella op middelhoog vuur, voeg indien nodig meer kippenbouillon toe en roer af en toe. De rijst moet de vloeistof opnemen en romig worden, terwijl hij nog steeds een lichte bite behoudt (al dente). Dit duurt ongeveer 15-20 minuten.
j) Voeg de laatste paar minuten van het koken de bevroren erwten en de gekookte kip weer toe aan de pan. Roer tot de erwten zijn opgewarmd.
k) Proef de paella en breng eventueel op smaak met zout en zwarte peper.
l) Zodra de rijst volledig gaar is en het vocht grotendeels is opgenomen, haal je de paella van het vuur en laat je hem een paar minuten rusten voordat je hem serveert.
m) Garneer met gehakte verse peterselie en serveer uw Bacon en Kimchi Paella met Kip warm.

39.Koreaans Rundvlees En Kimchi Gegrilde Kaas

INGREDIËNTEN:
- 8 ons gekookt rundvlees in Koreaanse stijl (bulgogi), in dunne plakjes gesneden
- 4 plakjes provolonekaas
- ½ kopje kimchi, uitgelekt en gehakt
- 4 sneetjes brood
- Boter om te smeren

INSTRUCTIES:
a) Beboter één kant van elk sneetje brood.
b) Leg een plakje provolonekaas op de onbeboterde kant van een sneetje brood.
c) Bestrijk met een laag gekookt rundvlees in Koreaanse stijl.
d) Verdeel een laag gehakte kimchi over het vlees.
e) Bedek met nog een plakje provolonekaas en nog een sneetje brood (met de beboterde kant naar boven).
f) Herhaal dit voor de resterende sneetjes brood en vulling.
g) Verhit een koekenpan op middelhoog vuur en leg de sandwiches erop.
h) Kook tot het brood goudbruin is en de kaas gesmolten is, draai het halverwege om.
i) Haal van het vuur, snijd doormidden en serveer warm.

40. Koreaans borststuk en Kimchi-burger

INGREDIËNTEN:
- 500 g runderborststuk, fijngehakt
- 125 g spek, korst verwijderd, fijngehakt
- ⅓ kopje (80 ml) lichte sojasaus
- Zonnebloemolie, om te poetsen
- 6 lente-uitjes, donkergroen deel in dunne plakjes gesneden, bleek deel gehalveerd
- 2 groene paprika's, in de lengte in vieren gesneden
- 6 briocheburgerbroodjes, gespleten, bestrijkt met olie en bestrooid met zwarte sesamzaadjes
- Kewpie-mayonaise en gochujang (Koreaanse chilipasta), om te serveren

VOOR SNELLE KIMCHI:
- ¼ kopje (55 g) zout
- ⅓ Chinese kool (wombok), in plakjes gesneden
- 4 teentjes knoflook, geperst
- ¼ kopje (55 g) kristalsuiker
- 2 eetlepels vissaus
- 1 eetlepel gedroogde chilivlokken

INSTRUCTIES:
a) Combineer het gehakte borststuk, het gehakte spek en 2 eetlepels sojasaus. Vorm van het mengsel 6 pasteitjes en druk ze plat. Bestrijk de pasteitjes met de resterende 2 eetlepels sojasaus. Laat ze 30 minuten afkoelen.
b) Meng in een kom het zout, de gesneden Chinese kool en 2 kopjes (500 ml) heet water. Dek af en zet het 15 minuten opzij. Spoel de kool af en laat uitlekken. Roer de gesneden donkere lente-ui en de overige kimchi- ingrediënten erdoor.
c) Verhit een grillpan op hoog vuur en bestrijk deze met olie. Kook de paprika en de gehalveerde bleke lente-uitjes gedurende 2-3 minuten of tot ze gaar zijn. Verwijder ze en leg ze opzij.
d) Bestrijk de grillpan met nog een beetje olie. Bak de pasteitjes 2 minuten aan elke kant. Zet het vuur middelhoog en bak nog eens 3 minuten aan elke kant, of tot ze verkoold en gaar zijn.

MONTEER DE BURGERS:
e) Besmeer de broodjesbodems met mayonaise. Beleg ze met paprika, pasteitjes, chilipasta, lente-ui, kimchi en deksels van de broodjes. Serveer je heerlijke Koreaanse Brisket en Kimchi Burgers!
f) Geniet van de unieke samensmelting van smaken in deze burger!

41.Sojakrul Kimchee-loempia's

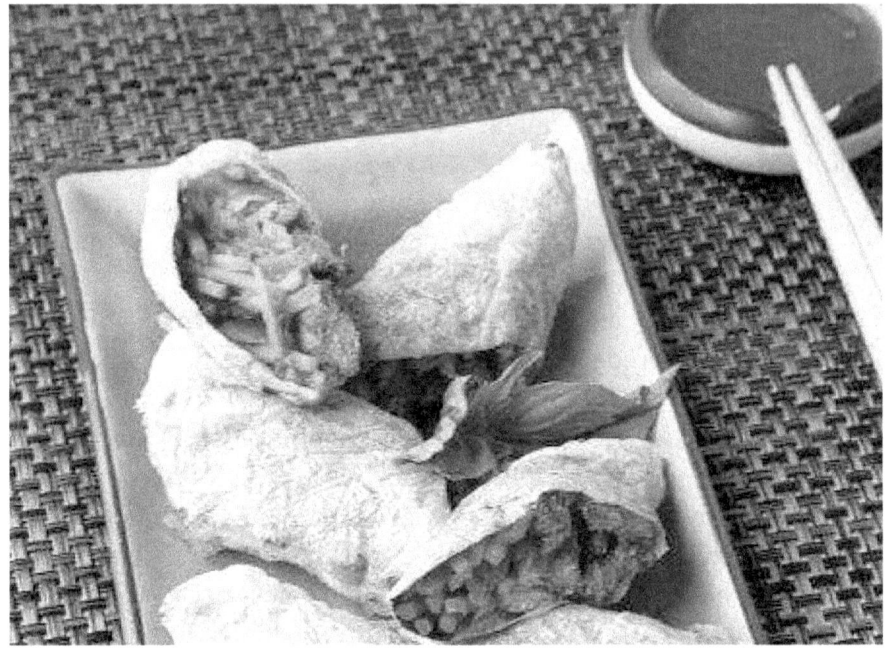

INGREDIËNTEN:
- 1 kop Soy Curl Fries of veganistische bevroren kipreepjes
- 1 kleine wortel
- 4 verse basilicumblaadjes
- 1/2 kop zelfgemaakte of in de winkel gekochte veganistische kimchee
- 4 (6 tot 8 1/2 inch) vellen rijstpapier
- 2 tot 3 sprieten canola-olie

INSTRUCTIES:
a) Maak de Soy Curl Fries klaar. Als je veganistische kipreepjes gebruikt, ontdooi ze dan en snijd ze in de lengte doormidden.
b) Snijd de wortel in luciferstokjes en verdeel de luciferstokjes in vieren.
c) Dompel 1 vel rijstpapier gedurende 5 seconden in warm water of tot het vochtig is. Plaats het vochtige rijstpapier op een werkoppervlak en laat het 30 seconden rusten of tot het buigzaam is. Leg 1 basilicumblaadje op het rijstpapier. Voeg een kwart van de wortelluciferstokjes, 2 eetlepels kimchee en 1/4 kopje Soy Curl Fries toe.
d) Rol het rijstpapier op door de rand weg te trekken van de snijplank. Rol de vulling over terwijl u de vulling onder de wikkel verzamelt en stopt, totdat u bij het einde van het papier komt. Herhaal dit proces totdat je 4 loempia's hebt gemaakt.
e) Spuit 1 tot 2 sprieten canola-olie op de mand van de airfryer. Plaats de loempia's in de mand van de airfryer en bestrijk de bovenkant van de broodjes met de resterende 1 tot 2 spritzolie. Kook gedurende 6 minuten op 400°F en schud halverwege de kooktijd.

42.Kimchi Ramen uit één pot

INGREDIËNTEN:
- 8 ons buikspek (zonder vel), in plakjes gesneden

VOOR DE VARKENSMARKERINADE:
- 3 teentjes knoflook, fijngehakt
- 1 eetlepel verse gember, fijngehakt
- 1 eetlepel sherry
- 1 eetlepel sojasaus

VOOR DE KIMCHI RAMEN:
- 4 zachtgekookte eieren, gehalveerd
- ½ middelgrote ui, in dunne plakjes gesneden
- 1 kopje shiitake-paddenstoelen, in plakjes gesneden
- Half blok stevige tofu, in plakjes gesneden
- 4 ons enoki- paddenstoelen
- 4 baby paksoi , gehalveerd
- 1 kopje kimchi, stevig verpakt
- ½ kopje kimchi-sap
- 4 kopjes kippenbottenbouillon (2 dozen)
- 2 eetlepels pittige rode peperpasta
- 1 eetlepel Koreaans rode peperpoeder
- 2 pakjes ramen
- Gehakte groene uien voor garnering

INSTRUCTIES:
a) Meng alle ingrediënten voor de varkensmarinade in een middelgrote kom.
b) Snijd de plakjes buikspek in stukken van 2 inch lang. Voeg het varkensvlees toe aan de marinade. Roer goed en zet opzij.
c) Breng in een kleine pan 2 kopjes water aan de kook. Leg de eieren voorzichtig in het kokende water. Laat ze 5 minuten koken. Schep de eieren uit de pan en doe ze in koud water.
d) Snijd ondertussen de ui, shiitake-champignons en tofu in plakjes; maak enoki- paddenstoelen schoon en hak de uiteinden af; was baby paksoi en snijd ze doormidden. Zet alle bereide ingrediënten opzij.
e) Kook het gemarineerde buikspek in een middelgrote pan op middelhoog vuur gedurende ongeveer 2 minuten, onder regelmatig roeren.
f) Voeg ui en kimchi toe. Bak tot het geurig is, ongeveer 2 minuten.
g) Voeg kimchi-sap, bouillon, rode peperpasta en rode peperpoeder toe en breng aan de kook.
h) Zodra de bouillonsoepbasis kookt, voeg je ramen en shiitake-paddenstoelen toe. Laat het 3 minuten koken.
i) Voeg tofu, enokipaddestoelen en paksoi toe en kook gedurende 2 minuten of tot de ramen gaar zijn. Zet de verwarming uit.
j) Eieren pellen en doormidden snijden.
k) Serveer de kimchi ramen en serveer met gehalveerde eieren. Garneer met gehakte groene uien.

43.Kimchi-gebakken rijst

INGREDIËNTEN:
- 2 kopjes gekookte bruine rijst
- 1 kop kimchi, gehakt
- 1 wortel, fijn gesneden
- 1 kopje spinazie, gehakt
- 2 eetlepels sojasaus
- 1 eetlepel sesamolie
- 1 groene ui, in plakjes gesneden

INSTRUCTIES:
a) In een pan bak je de wortels tot ze gaar zijn. Voeg spinazie toe en kook tot het geslonken is.
b) Voeg kimchi toe aan de pan en roerbak 2 minuten.
c) Voeg gekookte rijst, sojasaus en sesamolie toe. Roer goed om te combineren.
d) Garneer met gesneden groene uien en serveer warm.

44.Kimchi-sla

INGREDIËNTEN:
- 2 kopjes geraspte Chinese kool
- 1 kop geraspte wortelen
- 1/2 kop kimchi, gehakt
- 2 eetlepels rijstazijn
- 1 eetlepel sesamolie
- 1 eetlepel honing
- Sesamzaadjes ter garnering

INSTRUCTIES:
a) Meng in een grote kom de geraspte kool, wortels en kimchi.
b) Meng in een aparte kom rijstazijn, sesamolie en honing. Giet over de slaw en meng om te combineren.
c) Garneer met sesamzaadjes voor het serveren.

45.Kimchi-quesadilla's

INGREDIËNTEN:
- Bloem tortilla's
- 1 kop kimchi, gehakt
- 1 kopje geraspte cheddarkaas
- 1/2 kop gekookte en versnipperde kip (optioneel)
- 2 eetlepels zure room (voor serveren)

INSTRUCTIES:
a) Leg een tortilla op een verwarmde koekenpan.
b) Strooi een laag cheddarkaas, voeg gehakte kimchi en kip toe (indien gebruikt). Leg er nog een laag kaas op en leg er nog een tortilla op.
c) Kook tot de kaas gesmolten is en de tortilla's aan beide kanten goudbruin zijn.
d) Snijd in partjes en serveer met een klodder zure room.

46.Kimchi Avocadotoast

INGREDIËNTEN:
- 4 sneetjes volkorenbrood
- 1 rijpe avocado, gepureerd
- 1 kop kimchi, uitgelekt en gehakt
- Sesamzaadjes ter garnering
- Rode pepervlokken (optioneel)

INSTRUCTIES:
a) Rooster de sneetjes brood naar eigen smaak.
b) Verdeel de gepureerde avocado gelijkmatig over elke plak.
c) Bestrooi met gehakte kimchi en strooi sesamzaadjes (en rode pepervlokken als je van een beetje pittig houdt).

47.Kimchi Tofu Roerbak

INGREDIËNTEN:
- 1 blok stevige tofu, in blokjes
- 1 kop kimchi, gehakt
- 1 kop broccoliroosjes
- 1 paprika, in plakjes gesneden
- 2 eetlepels sojasaus
- 1 eetlepel sesamolie
- 1 eetlepel honing
- Gekookte rijst om te serveren

INSTRUCTIES:
a) Bak de tofu in een pan goudbruin. Voeg broccoli en paprika toe.
b) Roer de gehakte kimchi erdoor en kook nog 2-3 minuten.
c) Meng sojasaus, sesamolie en honing in een kleine kom. Giet het tofu-groentemengsel erover.
d) Serveer met gekookte rijst.

48.Kimchi-hummus

INGREDIËNTEN:
- 1 blik kikkererwten (15 oz), uitgelekt en afgespoeld
- 1/2 kop kimchi, gehakt
- 2 eetlepels tahin
- 2 teentjes knoflook
- 3 eetlepels olijfolie
- Sap van 1 citroen
- Zout en peper naar smaak

INSTRUCTIES:
a) Meng in een keukenmachine kikkererwten, kimchi, tahini, knoflook, olijfolie en citroensap.
b) Meng tot een gladde massa en schraap indien nodig de zijkanten af.
c) Breng op smaak met zout en peper. Serveer met pitabroodjes of groentesticks.

49. Kimchi-sushibroodjes

INGREDIËNTEN:
- Nori- bladen
- Gekookte sushirijst
- 1 kop kimchi, gehakt
- Gesneden avocado
- Gesneden komkommer
- Sojasaus om te dippen

INSTRUCTIES:
a) Leg een vel nori op een bamboe sushimatje.
b) Verdeel een laagje sushirijst over de nori en laat aan de bovenkant een klein randje vrij.
c) Voeg een lijn gehakte kimchi, gesneden avocado en komkommer toe.
d) Rol de sushi strak op en snijd hem in hapklare stukken. Serveer met sojasaus.

50.Kimchi duivelse eieren

INGREDIËNTEN:
- 6 hardgekookte eieren, gepeld en gehalveerd
- 1/4 kop kimchi, fijngehakt
- 2 eetlepels mayonaise
- 1 theelepel Dijon-mosterd
- Zout en peper naar smaak
- Paprika voor garnering

INSTRUCTIES:
a) Verwijder de eierdooiers en pureer ze in een kom.
b) Meng de gehakte kimchi, mayonaise, Dijon-mosterd, zout en peper erdoor.
c) Schep het mengsel terug in de eiwithelften.
d) Bestrooi met paprikapoeder en zet in de koelkast voordat je het serveert.

51.Kimchi Caesarsalade

INGREDIËNTEN:
- Romaine sla, fijngesneden
- 1 kop kimchi, gehakt
- Croutons
- Geschaafde Parmezaanse kaas
- Caesar dressing

INSTRUCTIES:
a) Meng in een grote kom de gehakte snijsla en kimchi.
b) Voeg croutons en geschaafde Parmezaanse kaas toe.
c) Meng met je favoriete Caesar-dressing en serveer onmiddellijk.

52.Kimchi-guacamole

INGREDIËNTEN:
- 3 rijpe avocado's, gepureerd
- 1 kop kimchi, gehakt
- 1/4 kop rode ui, fijngesneden
- 1 limoen, uitgeperst
- Zout en peper naar smaak
- Tortillachips om erbij te serveren

INSTRUCTIES:
a) Pureer de avocado's in een kom.
b) Voeg gehakte kimchi, rode ui, limoensap, zout en peper toe. Goed mengen.
c) Serveer de kimchi-guacamole met tortillachips.

53.Kimchi-pannenkoeken / Kimchijeon

INGREDIËNTEN:
- 500 g Chinese koolkimchi _
- 2 theelepels gochugaru chilipoeder _
- 2 eetlepels gefermenteerde ansjovissaus
- 650 g Koreaans pannenkoekbeslag _
- Neutrale plantaardige olie

INSTRUCTIES:

a) Snijd de kimchi met een schaar in kleine stukjes en doe ze in een kom, zonder het sap af te tappen. Voeg de gochugaru toe chilipoeder en gefermenteerde ansjovissaus. Voeg het pannenkoekbeslag toe en meng goed.

b) Bestrijk een koekenpan royaal met plantaardige olie en verwarm op hoog vuur. Verdeel een dun laagje kimchibeslag op de bodem van de pan. Gebruik een spatel om het beslag onmiddellijk van de bodem van de pan te tillen om te voorkomen dat het blijft plakken. Zodra de randen bruin beginnen te worden en het oppervlak iets hard wordt, draait u de pannenkoek om.

c) Bak de andere kant nog 4 minuten op hoog vuur. Herhaal dit voor elke pannenkoek.

d) Geniet ervan met Koreaanse pannenkoeksaus of uien-sojasaus-augurken.

54.Chinese Koolsalade Met Kimchisaus

INGREDIËNTEN:
- 600 g Chinese kool _
- 50 g grof zeezout
- 1 liter water
- 4 stengels knoflookbieslook (of 2 stengels lente-ui/lente-ui, geen bol)
- 1 wortel
- 1 eetlepel suiker
- 50 g pikante marinade
- 2 eetlepels gefermenteerde ansjovissaus
- ½ eetlepel sesamzaadjes
- Zeezout

INSTRUCTIES:
a) Snij de Chinese kool in grote hapklare stukken. Los het zout op in het water en dompel de kool erin. Laat 1½ uur rusten.
b) Snij de bieslook in stukjes van 5 cm. Rasp de wortel.
c) Giet de kool af. Spoel het drie keer achter elkaar af en laat het vervolgens 30 minuten uitlekken.
d) Meng het met de suiker, pikante marinade, gefermenteerde ansjovissaus, wortel en bieslook.
e) Pas de smaak aan met zeezout. Bestrooi met sesamzaadjes.

ZUURKOOL

55. Klassieke ingelegde kool

INGREDIËNTEN:
- 1 middelgrote kool, in dunne plakjes gesneden
- 1 kopje witte azijn
- 1 kopje water
- 1/4 kopje suiker
- 1 eetlepel zout
- 1 theelepel mosterdzaad
- 1 theelepel selderiezaad
- 1 theelepel kurkuma

INSTRUCTIES:
a) Meng in een pan water, azijn, suiker, zout, mosterdzaad, selderijzaad en kurkuma.
b) Breng het mengsel aan de kook, roer tot de suiker en het zout zijn opgelost.
c) Doe de dun gesneden kool in een grote kom.
d) Giet de hete pekel over de kool en zorg ervoor dat deze volledig onder water staat.
e) Laat de zuurkool afkoelen tot kamertemperatuur voordat u deze in een gesteriliseerde pot doet.
f) Zet minimaal 24 uur in de koelkast voordat u het serveert.

56. Piccalilly

INGREDIËNTEN:

- 6 kopjes gehakte groene tomaten
- 1 1/2 kopjes groene paprika's , gehakt
- 7 1/2 kopjes gehakte kool
- 1/2 kopje beitszout
- 1 1/2 kopjes zoete rode paprika , gehakt
- 2 1/4 kopjes gehakte uien
- 3 eetlepels heel gemengd beitskruid
- 4 1/2 kopjes 5% azijn
- 3 kopjes bruine suiker

INSTRUCTIES:

a) Gooi groenten met 1/2 kopje zout.
b) Bedek met heet water en laat 12 uur staan. Droogleggen .
c) Bind de kruiden in een kruidenzakje en voeg ze toe aan de gecombineerde azijn en suiker en breng aan de kook.
d) Voeg groenten toe en kook zachtjes gedurende 30 minuten; verwijder het kruidenzakje.
e) Vul hete steriele potten met het hete mengsel en laat een halve centimeter ruimte over .
f) Laat luchtbellen los.
g) Sluit de potten goed af en verwarm ze vervolgens 5 minuten in een waterbad.

57. Basis zuurkool

INGREDIËNTEN:
- 25 pond. Kool , gespoeld en versnipperd
- 3/4 kopje beitszout

INSTRUCTIES:
a) Doe de kool in een bakje en voeg 3 eetlepels zout toe.
b) Meng met schone handen.
c) Pak totdat het zout sappen uit de kool trekt.
d) Plaat en gewichten toevoegen; bedek de container met een schone badhanddoek.
e) Bewaren bij 70° tot 75°F gedurende 3 tot 4 weken .

58.Pittige Aziatische Ingelegde Kool

INGREDIËNTEN:
- 1 kleine kool, versnipperd
- 1 kopje rijstazijn
- 1/2 kopje sojasaus
- 2 eetlepels suiker
- 2 teentjes knoflook, fijngehakt
- 1 eetlepel gember, geraspt
- 1 theelepel rode pepervlokken

INSTRUCTIES:
a) Meng rijstazijn, sojasaus, suiker, gehakte knoflook, geraspte gember en rode pepervlokken in een kom.
b) Meng goed totdat de suiker oplost.
c) Doe de geraspte kool in een grote pot en giet de vloeistof erover.
d) Sluit de pot af en zet hem minimaal 2 uur in de koelkast voordat je hem serveert.

59. Appelciderazijn Ingelegde Kool

INGREDIËNTEN:
- 1 kleine krop rode kool, in dunne plakjes gesneden
- 1 kopje appelazijn
- 1/2 kopje water
- 2 eetlepels honing
- 1 eetlepel zout
- 1 theelepel hele zwarte peperkorrels
- 2 laurierblaadjes

INSTRUCTIES:
a) Meng in een pan appelciderazijn, water, honing, zout, peperkorrels en laurierblaadjes.
b) Breng het mengsel aan de kook en roer tot de honing en het zout zijn opgelost.
c) Doe de gesneden kool in een grote kom en giet de hete pekel erover.
d) Laat het afkoelen, doe de zuurkool in een pot en zet hem minimaal 4 uur in de koelkast voordat je hem serveert.

60.Dille En Knoflook Ingelegde Kool

INGREDIËNTEN:
- 1 middelgrote groene kool, versnipperd
- 1 1/2 kopjes witte azijn
- 1 kopje water
- 3 eetlepels suiker
- 2 eetlepels zout
- 3 teentjes knoflook, geperst
- 2 eetlepels verse dille, gehakt

INSTRUCTIES:
a) Meng in een pan witte azijn, water, suiker, zout, geperste knoflook en gehakte dille.
b) Verwarm het mengsel tot de suiker en het zout oplossen.
c) Doe de gesnipperde kool in een grote pot en giet de hete pekel erover.
d) Laat het afkoelen en zet het vervolgens minimaal 12 uur in de koelkast voordat je ervan gaat genieten.

KOKEN MET KOOL

61.Koolsla van Rode Kool

INGREDIËNTEN:
- ½ krop rode kool, in dunne plakjes gesneden
- 2 wortels, geraspt
- ½ kopje mayonaise
- 2 eetlepels Dijonmosterd
- 2 eetlepels appelazijn
- 1 eetlepel honing
- Zout en peper naar smaak
- Gehakte verse peterselie voor garnering

INSTRUCTIES:
a) Meng in een grote kom rode kool en geraspte wortelen.
b) Klop in een aparte kom mayonaise, Dijon-mosterd, appelciderazijn, honing, zout en peper door elkaar.
c) Giet de dressing over het koolmengsel en schep om.
d) Garneer voor het serveren met gehakte peterselie.

62. Fijische Kipkotelet Suey

INGREDIËNTEN:
- 1 pond kippenborsten of dijen zonder botten, zonder vel, in dunne plakjes gesneden
- 2 eetlepels plantaardige olie
- 1 ui, gesneden
- 2 teentjes knoflook, fijngehakt
- Een stuk verse gember van 1 inch, geraspt
- 1 kop gesneden kool
- 1 kop gesneden wortelen
- 1 kopje gesneden paprika (rood, groen of geel)
- 1 kop gesneden broccoliroosjes
- ¼ kopje sojasaus
- 2 eetlepels oestersaus
- 1 eetlepel maizena, opgelost in 2 eetlepels water
- Gekookte witte rijst, om te serveren

INSTRUCTIES:
a) Verhit de plantaardige olie in een grote koekenpan of wok op middelhoog vuur.
b) Voeg de gesneden kip toe en roerbak tot deze gaar en lichtbruin is. Haal de kip uit de koekenpan en zet hem opzij.
c) Voeg indien nodig wat meer olie toe in dezelfde koekenpan en bak de gesneden uien, de gehakte knoflook en de geraspte gember tot ze geurig zijn en de uien doorschijnend zijn.
d) Voeg de gesneden kool, wortels, paprika en broccoli toe aan de koekenpan. Roerbak de groenten een paar minuten tot ze zacht en knapperig zijn.
e) Doe de gekookte kip terug in de pan en meng deze met de groenten.
f) Meng de sojasaus en de oestersaus in een kleine kom. Giet de saus over de kip en de groenten en meng alles tot alles goed bedekt is.
g) Roer het maizenamengsel erdoor zodat de saus iets dikker wordt.
h) Serveer de Fijian Chicken Chop Suey met gekookte witte rijst voor een smakelijke en bevredigende maaltijd.

63. Witte Kool En Aardappel

INGREDIËNTEN:
- 1 witte kool (ongeveer 2 kg)
- 4 wortels (geschild)
- 3 witte uien
- 1 groene paprika
- 6 grote aardappelen (geschild)
- 3 teentjes knoflook
- 2 theelepel plantaardige olie
- 3 theelepel zout
- 3 groene pepers

INSTRUCTIES:
a) Was de kool, wortels, uien, groene paprika en aardappelen en snij ze grof in stukjes.
b) Pel en hak de knoflook fijn.
c) Doe de kool in een grote pan met deksel op middelhoog vuur.
d) Voeg na 5 minuten een scheutje water toe om te voorkomen dat de kool aan de pan blijft plakken.
e) Voeg na 10 minuten, wanneer de kool wat zachter is, de wortels toe en roer de olie erdoor.
f) Voeg na 10 minuten de uien toe.
g) Voeg na 5 minuten de knoflook toe.
h) Laat 10 minuten op laag vuur op de kookplaat staan tot alle groenten gaar en zacht zijn. Voeg de chilipepers en peper toe. Meng grondig en kook gedurende 5 minuten.
i) Roer het zout erdoor.

64. Groene Vegetarische Tostadas

INGREDIËNTEN:
- 6 maïstortilla's (elk 5 inch)
- 2 eetlepels extra vergine olijfolie, verdeeld
- 1 kopje in blokjes gesneden courgette
- 1 kopje in blokjes gesneden asperges
- ½ kopje in blokjes gesneden groene paprika
- ¼ kopje bevroren maïs
- 1 kopje geraspte kool
- 2 groene uien, in blokjes gesneden
- Een handvol koriander, grof gehakt
- Zeezout en zwarte peper
- Cashewzure room en bereide tomatillo-salsa voor serveren

INSTRUCTIES:
a) Verwarm uw oven voor op 400 ° F. Bestrijk de maïstortilla's met een eetlepel olijfolie en bestrooi ze met zeezout. Leg ze op een bakplaat en bak tot ze knapperig worden, wat meestal ongeveer 10 minuten duurt.

b) Verhit de resterende eetlepel olijfolie in een koekenpan op middelhoog vuur. Voeg de in blokjes gesneden courgette, asperges, paprika en maïs toe aan de koekenpan. Bak tot ze iets zachter worden, wat ongeveer 3 minuten duurt. Voeg vervolgens de gesnipperde kool toe aan de pan en bak nog eens 2 minuten. Breng het mengsel op smaak met peper en zout en zet het vuur uit.

c) Verdeel de gebakken groenten gelijkmatig over de knapperige tortilla's. Bestrooi ze met in blokjes gesneden groene uien en grof gehakte koriander. Besprenkel elk met cashewzure room en tomatillo-salsa.

d) Geniet van je Groene Veggie Tostadas!

65.Snijbiet En Broccolisap

INGREDIËNTEN:
- 1 kleine krop broccoli, in roosjes verdeeld
- 1 kleine krop rode kool
- ½ theelepel Macapoeder
- 3 grote bladeren snijbiet, in stukjes gescheurd

INSTRUCTIES:
a) Verwerk de kool en broccoli door een sapcentrifuge.
b) Doe de overige ingrediënten in je sapcentrifuge.
c) Meng het sap zorgvuldig. Serveer het sap ten slotte op gemalen ijs als je dat wilt.

66.Radijs Koolsla

INGREDIËNTEN:
- 1 bosje radijsjes, schoongemaakt en in dunne plakjes gesneden
- ½ kleine rode kool, in dunne plakjes gesneden
- 1 wortel, geraspt
- ¼ kopje mayonaise
- 1 eetlepel appelazijn
- 1 theelepel honing
- Zout en peper naar smaak

INSTRUCTIES:
a) Meng radijsjes, rode kool en wortels in een grote kom.
b) Meng in een kleine kom de mayonaise, appelciderazijn, honing, zout en peper.
c) Giet de dressing over de groenten en roer tot alles goed bedekt is.
d) Zet minimaal 30 minuten in de koelkast voordat u het serveert.

67. Regenboogsalade Met Kool

INGREDIËNTEN:
- ounce pakket botersla
- Pakket van 5 ons rucola
- 5-ounce pakket Pittige mix Microgroenten
- 1 in dunne plakjes gesneden paarse radijs
- 1/2 kopje erwten, in dunne plakjes gesneden
- 1 groene radijs, in dunne plakjes gesneden
- 1/4 kopje rode kool, versnipperd
- 2 sjalotten, in ringen gesneden
- 1 watermeloenradijs, in dunne plakjes gesneden
- 2 bloedsinaasappelen, gesegmenteerd
- 3 regenboogwortelen, in linten geschoren
- 1/2 kop bloedsinaasappelsap
- 1/2 kopje extra vergine olijfolie
- 1 eetlepel rode wijnazijn
- 1 eetlepel gedroogde oregano
- 1 eetlepel honing
- Zout en peper naar smaak
- voor garnering Eetbare bloemen

INSTRUCTIES:
a) Meng de olijfolie, rode wijnazijn en oregano in een bakje. Voeg de sjalotjes toe en laat minimaal 2 uur marineren op het aanrecht.
b) Zet de sjalotjes opzij.
c) Klop in een pot het sinaasappelsap, de olijfolie, de honing en een vleugje zout en peper tot een dik en glad mengsel. Breng op smaak met zout en peper.
d) Gooi de pittige mix van microgreens, sla en rucola met ongeveer ¼ kopje vinaigrette in een zeer grote mengkom.
e) Combineer de wortels, erwten, sjalotjes en sinaasappelpartjes met de helft van de radijsjes.
f) Zet alles in elkaar en doe er nog een extra vinaigrette en eetbare bloemen bij om het af te maken.

68. van microgroenten en peultjes

INGREDIËNTEN:
VINAIGRETTE
- 1 theelepel ahornsiroop
- 2 theelepels limoensap
- 2 eetlepels witte balsamicoazijn
- 1 ½ kopjes in blokjes gesneden aardbeien
- 3 eetlepels olijfolie

SALADE
- 2 radijsjes, in dunne plakjes gesneden
- 6 ons koolmicrogreens
- 12 peultjes, in dunne plakjes gesneden
- Gehalveerde aardbeien, eetbare bloemen en verse kruidentakjes, ter garnering

INSTRUCTIES:
a) Om de vinaigrette te maken, klopt u de aardbeien, azijn en ahornsiroop in een mengschaal. Zeef de vloeistof en voeg het limoensap en de olie toe.
b) Breng op smaak met zout en peper.
c) Om de salade te maken, combineer microgreens, peultjes, radijsjes, bewaarde aardbeien en ¼ kopje vinaigrette in een grote mengkom.
d) Voeg gehalveerde aardbeien, eetbare bloemen en verse kruidentakjes toe als garnering.

69. Bitterzoete granaatappelsalade

INGREDIËNTEN:
DRESSING:
- 2 Eetlepels citroensap
- ½ kopje bloedsinaasappelsap
- ¼ kopje ahornsiroop

SALADE:
- ½ kopje vers gesneden koolmicrogreens
- 1 kleine radicchio, in hapklare stukjes gescheurd
- ½ kopje paarse kool, in dunne plakjes gesneden
- ¼ kleine rode ui, fijngehakt
- 3 radijsjes, in dunne reepjes gesneden
- 1 bloedsinaasappel, geschild, ontpit en in partjes
- zout en peper naar smaak
- ⅓ kopje ricottakaas
- ¼ kopje pijnboompitten, geroosterd
- ¼ kopje granaatappelpitjes
- 1 Eetlepel olijfolie

INSTRUCTIES:
DRESSING:
a) Laat alle ingrediënten voor de dressing 20-25 minuten zachtjes koken.
b) Laat afkoelen voordat u het serveert.

SALADE:
c) Combineer de radicchio, kool, ui, radijs en microgreens in een mengkom.
d) Meng voorzichtig met zout, peper en olijfolie.
e) Strooi op een serveerschaal een klein lepeltje ricottakaas.
f) Bestrooi met de pijnboompitten en granaatappelpitjes en besprenkel met de bloedsinaasappelsiroop.

70.Coole zalmliefhebberssalade

INGREDIËNTEN:
- 1 pond Gekookte konings- of cohozalm ; in stukken gebroken
- 1 kopje Gesneden bleekselderij
- ½ kopje Grof gesneden kool
- 1¼ kopje Mayonaise of saladedressing; (tot 1 ½)
- ½ kopje Zoete augurk-smaak
- 1 eetlepel Bereide mierikswortel
- 1 eetlepel Fijngesneden ui
- ¼ theelepel Zout
- 1 streepje Peper
- Sla blaadjes; romaine bladeren of andijvie
- Gesneden radijsjes
- Dille-augurk plakjes
- Broodjes of crackers

INSTRUCTIES:

a) Gebruik een grote mengkom en meng de zalm, selderij en kool voorzichtig door elkaar.

b) Roer in een andere kom de mayonaise of saladedressing, de augurksaus, mierikswortel, ui, zout en peper door elkaar. Voeg het toe aan het zalmmengsel en roer het door elkaar. Bedek de salade en laat afkoelen tot het serveren (maximaal 24 uur).

c) Bekleed een slakom met groen. Schep het zalmmengsel erin. Garneer met radijsjes en dille-augurken. Serveer de salade met broodjes of crackers.

71. Paddestoelrijstpapierrollen

INGREDIËNTEN:
- 1 eetlepels sesamolie
- 2 teentjes knoflook, geperst
- 1 theelepel geraspte gember
- 2 sjalotjes, fijn gesneden
- 300 g champignons, fijngehakt
- 40 g Chinese kool, fijngesneden
- 2 theelepels zoutarme sojasaus
- 16 grote vellen rijstpapier
- 1 bosje verse koriander, blaadjes geplukt
- 2 middelgrote wortels, geschild, fijn julienned
- 1 kopje taugé, bijgesneden
- Extra zoutarme sojasaus, om te serveren

INSTRUCTIES:
BEREID DE PADDESTOELVULLING
a) Verhit sesamolie, geperste knoflook en geraspte gember in een koekenpan op laag vuur gedurende 1 minuut.
b) Voeg fijngesneden sjalotten, gehakte champignons en geraspte Chinese kool toe aan de pan.
c) Verhoog het vuur tot medium en kook gedurende 3 minuten of tot de ingrediënten zacht zijn.
d) Doe het gekookte mengsel in een kom, voeg de zoutarme sojasaus toe en zet het opzij om af te koelen.

MAAK DE RIJSTPAPIERVELLEN ZACHT
e) Vul een grote kom met warm water.
f) Plaats 2 vellen rijstpapier per keer in het water en laat het ongeveer 30 seconden zacht worden. Zorg ervoor dat ze zacht worden, maar nog steeds stevig genoeg om te hanteren.

MONTEER DE ROLLEN
g) Haal de zachte rijstpapiervellen uit het water en laat ze goed uitlekken. Leg ze op een plat bord .
h) Bestrooi elk vel met verse korianderblaadjes en leg er nog een vel rijstpapier op.
i) Bestrijk het dubbellaagse rijstpapier met een eetlepel van het champignonmengsel en zorg ervoor dat het overtollige vocht wegloopt.
j) Voeg julienne wortel en taugé toe aan het champignonmengsel.
k) Vouw de uiteinden van het rijstpapier naar binnen en rol het vel stevig op.
l) Leg de voorbereide rol opzij en bedek deze met plastic.
m) Herhaal het proces met de overige ingrediënten om meer rollen te maken.
n) Serveer de Champignonrijstpapierrollen direct met extra zoutarme sojasaus om in te dippen.

72. Aziatische Gnocchi-salade

INGREDIËNTEN:
- 1 pond aardappelgnocchi
- 1 kopje geraspte kool
- 1 kop wortelen, in julienne gesneden
- ½ kopje edamamebonen, gekookt
- ¼ kopje groene uien, gehakt
- Sesam zaden
- Sesam-gemberdressing
- Sojasaus (optioneel)

INSTRUCTIES:
a) Kook de gnocchi volgens de instructies op de verpakking, laat ze uitlekken en zet ze opzij.
b) Meng in een grote kom de gekookte gnocchi, geraspte kool, julienned wortelen, gekookte edamame bonen en gehakte groene uien.
c) Besprenkel met sesam-gemberdressing en roer voorzichtig zodat alle ingrediënten bedekt zijn.
d) Strooi sesamzaadjes erover.
e) Voeg indien gewenst een scheutje sojasaus toe voor extra smaak.
f) Serveer de Aziatische gnocchisalade als een levendige en hartige optie.

73. Koolknoedels

INGREDIËNTEN:
- 1 pakje dumplingverpakkingen
- ½ pond gemalen varkensvlees
- ½ kopje Chinese kool, fijngehakt
- ¼ kopje groene uien, fijngehakt
- 1 eetlepel gember, fijngehakt
- 2 eetlepels sojasaus
- 1 eetlepel sesamolie
- 1 theelepel suiker
- ½ theelepel zout
- ¼ theelepel zwarte peper

INSTRUCTIES:

a) Meng in een mengkom het gemalen varkensvlees, Chinese kool, groene uien, gember, sojasaus, sesamolie, suiker, zout en zwarte peper. Meng goed totdat alle ingrediënten gelijkmatig zijn opgenomen.
b) Neem een knoedelverpakking en plaats een lepel varkensvulling in het midden.
c) Dompel uw vinger in water en bevochtig de randen van de verpakking.
d) Vouw de verpakking dubbel en druk de randen tegen elkaar, zodat er een halve maanvorm ontstaat.
e) Herhaal het proces met de resterende knoedelverpakkingen en vulling.
f) Breng een grote pan water aan de kook. Voeg de dumplings toe aan het kokende water en kook ongeveer 5-7 minuten tot ze naar de oppervlakte drijven.
g) Giet de dumplings af en serveer ze warm met sojasaus of je favoriete dipsaus.

74.Taiwanese gebakken rijstnoedels

INGREDIËNTEN:
- 8 ons gedroogde rijstnoedels (mi fen)
- 2 eetlepels plantaardige olie
- 2 teentjes knoflook, fijngehakt
- 1 kopje geraspte kool
- 1 kopje taugé
- ½ kopje gesneden wortelen
- ½ kopje gesneden groene paprika
- 2 eetlepels sojasaus
- 1 eetlepel oestersaus
- ½ theelepel suiker
- ¼ theelepel witte peper
- Groene uien, gehakt (voor garnering)

INSTRUCTIES:
a) Kook de rijstnoedels volgens de aanwijzingen op de verpakking. Giet af en zet opzij.
b) Verhit plantaardige olie in een grote wok of koekenpan op middelhoog vuur.
c) Voeg de gehakte knoflook toe en roerbak ongeveer 1 minuut tot het geurig is.
d) Voeg de gesnipperde kool, taugé, gesneden wortelen en groene paprika toe aan de wok. Roerbak ongeveer 2-3 minuten tot de groenten licht gaar zijn.
e) Duw de groenten naar één kant van de wok en voeg de gekookte rijstnoedels toe aan de lege kant.
f) Meng in een kleine kom de sojasaus, oestersaus, suiker en witte peper. Giet deze saus over de noedels.
g) Roerbak alles nog 2-3 minuten totdat de noedels goed bedekt zijn met de saus en goed opgewarmd zijn.
h) Garneer met gehakte groene uien.
i) Serveer de Tsao Mi Fun hot als hoofdgerecht of bijgerecht.

75.Kool En Edamame-wikkels

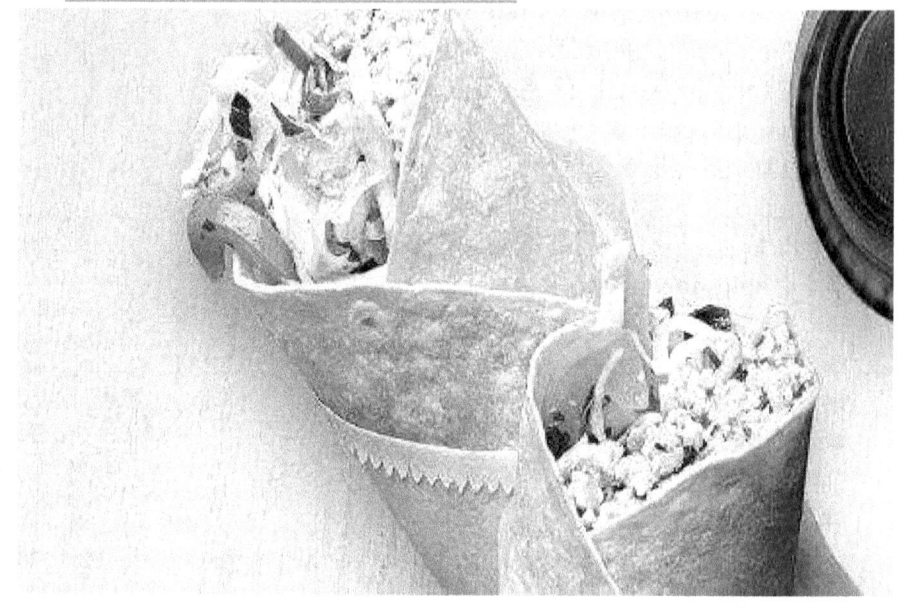

INGREDIËNTEN:
- 6 eetlepels Edamame-hummus
- 2 bloemtortilla's
- ½ kopje geraspte wortelen en kool
- 1 kop verse babyspinazie
- 6 plakjes tomaat
- 2 eetlepels groene godin-saladedressing

INSTRUCTIES:
a) Verdeel de hummus over elke tortilla.
b) Beleg met kool en wortels, spinazie en tomaat.
c) Besprenkel met dressing.
d) Rol strak op.
e) 2 minuten opwarmen in de magnetron.

76. Eiergebakken rijst in een mok

INGREDIËNTEN:
- 1 kop gekookte jasmijnrijst
- 2 eetlepels diepvrieserwten
- 2 eetlepels gehakte rode peper
- ½ stengel groene ui, in plakjes gesneden
- 1 snufje taugé
- 1 snufje geraspte paarse kool
- 1 ei
- 1 eetlepel natriumarme sojasaus
- ½ theelepel sesamolie
- ½ theelepel uienpoeder
- ¼ theelepel vijfkruidenpoeder

INSTRUCTIES:
a) Doe de rijst in een mok.
b) Leg de erwten, rode paprika, groene ui, taugé en kool erop.
c) Bedek de mok met huishoudfolie.
d) Prik met een mes gaten door de film.
e) Magnetron op de hoogste stand gedurende 1 minuut en 15 seconden.
f) Klop ondertussen het ei los en meng de sojasaus, sesamolie, uienpoeder en vijfkruidenpoeder erdoor.
g) Giet het eimengsel in de mok en roer met de groenten en rijst
h) Bedek de mok opnieuw met huishoudfolie en zet hem 1 minuut 15 seconden tot 1 minuut 30 seconden in de magnetron.
i) Haal de mok uit de magnetron en roer alles goed door.
j) Laat de gebakken rijst een minuut staan om het koken te voltooien.
k) Gebruik een vork om de rijst los te maken en serveer.

77.Koollasagne

INGREDIËNTEN:
- 2 pond rundergehakt
- 1 ui; gehakt
- 1 Groene paprika; gehakt
- 1 middelgrote koolkop; versnipperd
- 1 theelepel Oregano
- 1 theelepel zout
- ⅛ theelepel Peper
- 18 ons Tomatenpuree; OF
- Tomatenpuree met Italiaanse kruiden
- 8 ons mozzarella-kaas; gesneden

INSTRUCTIES:
a) Bak gehakt, ui en groene paprika tot het vlees bruin is. Goed laten uitlekken.
b) Kook ondertussen de kool gaar, 2-5 minuten. Combineer 2 kopjes vloeibare kool met oregano, zout, peper en tomatenpuree.
c) Laat het 5 minuten sudderen of in de magnetron. Voeg het vlees-groentenmengsel toe. Laat nog 5 minuten sudderen. Schep de helft van het tomaten-vleesmengsel in een pan van 13x9 ". Leg goed gedraineerde kool op de saus en vervolgens de rest van de saus. Bedek met gesneden kaas om te bedekken.
d) Bak op 400 F. gedurende 25-40 minuten. Kaas kan de laatste 5-10 minuten worden toegevoegd. Kan een tijdje in de magnetron staan en dan in de oven afwerken, om de kooktijd te verkorten.

78.Japanse Kool Okonomiyaki

INGREDIËNTEN:
- 2 kopjes kool, fijn versnipperd
- 1 kopje bloem voor alle doeleinden
- ¾ kopje water
- 2 grote eieren
- ½ kopje gehakte lente-uitjes
- ½ kopje gehakt gekookt spek of garnalen (optioneel)
- ¼ kopje mayonaise
- 2 eetlepels Worcestershiresaus
- 1 eetlepel sojasaus
- Bonitovlokken (gedroogde visvlokken) en ingelegde gember, om te serveren

INSTRUCTIES:
a) Meng in een grote kom de kool, bloem, water, eieren, lente-uitjes en gekookt spek of garnalen (indien gebruikt). Goed mengen.
b) Verhit een koekenpan of bakplaat met antiaanbaklaag op middelhoog vuur en vet deze licht in.
c) Giet ¼ kopje beslag in de koekenpan en spreid het uit in een cirkel.
d) Kook 3-4 minuten tot de bodem goudbruin is, draai dan om en kook nog eens 3-4 minuten.
e) Herhaal met het resterende beslag. Serveer de okonomiyaki besprenkeld met mayonaise, Worcestershiresaus en sojasaus. Bestrooi met bonitovlokken en serveer met ingelegde gember.

79.Grapefruitsalade met rode kool

INGREDIËNTEN:
- 4 kopjes dun gesneden rode kool
- 2 kopjes gesegmenteerde grapefruit
- 3 eetlepels gedroogde veenbessen
- 2 eetlepels pompoenpitten

INSTRUCTIES:

a) Doe de ingrediënten voor de salade in een grote mengkom en meng.

80.Kool En Varkensvlees Gyoza

INGREDIËNTEN:
- 1 pond (454 g) gemalen varkensvlees
- 1 kop Chinese kool (ongeveer 1 pond / 454 g), in dunne plakjes gesneden en fijngehakt
- ½ kopje gehakte lente-uitjes
- 1 theelepel gehakte verse bieslook
- 1 theelepel sojasaus
- 1 theelepel gehakte verse gember
- 1 eetlepel gehakte knoflook
- 1 theelepel kristalsuiker
- 2 theelepels koosjer zout
- 48 tot 50 wonton- of knoedelvellen
- Bak spray

INSTRUCTIES
a) Sproei de mand van de airfryer met kookspray. Opzij zetten.
b) Maak de vulling: Doe alle ingrediënten, behalve de wikkels, in een grote kom. Roer om goed te mengen.
c) Vouw een wikkel open op een schoon werkoppervlak en dep de randen vervolgens met een beetje water. Schep 2 theelepels van het vulmengsel in het midden.
d) Maak de gyoza : vouw de verpakking dubbel tot de vulling en druk de randen goed aan. Plooi eventueel de randen. Herhaal met de resterende wikkels en vullingen.
e) Schik de gyoza's in de pan en bestrijk ze met kookspray.
f) Plaats de airfryermand op de bakvorm en schuif deze in rekpositie 2, selecteer Air Fry, stel de temperatuur in op 182ºC (360ºC) en stel de tijd in op 10 minuten.
g) Draai de gyoza's halverwege de kooktijd om.
h) Als ze gaar zijn, zijn de gyoza's goudbruin.
i) Serveer onmiddellijk.

81. Vegetarische Wontonsoep

INGREDIËNTEN:
- Wonton-wikkels
- 1/2 kopje gehakte champignons
- 1/2 kop gehakte wortelen
- 1/2 kop gehakte selderij
- 1/2 kopje gehakte kool
- 1/4 kop gehakte groene uien
- 2 teentjes knoflook, fijngehakt
- 1 eetl sojasaus
- 1 eetl sesamolie
- 6 kopjes groentebouillon

INSTRUCTIES

a) Fruit in een pan de champignons, wortels, selderij, kool, groene uien en knoflook een paar minuten.

b) Voeg de sojasaus en sesamolie toe en blijf koken tot de groenten gaar zijn.

c) Schep een klein lepeltje van het groentemengsel in het midden van elk wontonvelletje.

d) Maak de randen van het wontonvelletje nat met water, vouw het dubbel en druk het dicht.

e) Breng de groentebouillon in een pan aan de kook.

f) Voeg de wontons toe aan de pan en kook 5-7 minuten, of totdat ze naar de oppervlakte drijven.

g) Heet opdienen.

82.Koolvistaco 's

INGREDIËNTEN:
- 1 pond witte vis, zoals kabeljauw of tilapia
- 1/2 kopje ananassap
- 1/2 kopje kokosmelk
- 1 eetlepel donkere rum
- 1 eetlepel olijfolie
- 1/2 theelepel gemalen komijn
- 1/2 theelepel paprikapoeder
- 1/2 theelepel knoflookpoeder
- 1/2 theelepel zout
- 1/4 theelepel zwarte peper
- Maïstortilla's
- Geraspte kool
- Ananas stukjes
- Ongezoete geraspte kokosnoot
- Koriander voor garnering

INSTRUCTIES

a) Meng in een mengkom het ananassap, de kokosmelk, de donkere rum, de olijfolie, de komijn, de paprika, het knoflookpoeder, het zout en de zwarte peper.
b) Voeg de vis toe aan de mengkom en schep om.
c) Dek de kom af en laat minimaal 30 minuten in de koelkast marineren.
d) Verwarm een grill voor op middelhoog vuur.
e) Grill de vis 2-3 minuten per kant, tot hij gaar is.
f) Verwarm de maïstortilla's op de grill.
g) 7. Stel de taco's samen door een paar stukjes vis op elke tortilla te leggen en ze te beleggen met geraspte kool, stukjes ananas, ongezoete geraspte kokosnoot en koriander.
h) Serveer onmiddellijk.

83.Varkenshaascrostini Met Koolsalade

INGREDIËNTEN:
- 2 eetlepels olijfolie
- 2 teentjes knoflook, fijngehakt
- ½ theelepel zout
- ¼ theelepel zwarte peper
- 1 varkenshaas, getrimd
- 1 Frans stokbrood, in plakjes van ½ inch gesneden
- 3 eetlepels boter, gesmolten
- 2 ons roomkaas, verzacht
- 2 eetlepels mayonaise
- 2 theelepels gehakte verse tijm, plus meer voor garnering

APPEL- EN KOOLSALADE
- 3 eetlepels olijfolie
- ½ kleine Granny Smith-appel, in dunne plakjes gesneden
- 2 ½ kopjes fijn gesneden rode kool
- 2 eetlepels balsamicoazijn
- ¼ theelepel zout
- ¼ theelepel zwarte peper

INSTRUCTIES:
a) Meng 2 eetlepels olijfolie, knoflook, zout en peper in een middelgrote kom.
b) Voeg varkensvlees toe en draai het om.
c) Dek af met plasticfolie en laat 20 minuten marineren op kamertemperatuur.
d) Verwarm de oven voor op 350 graden.
e) Verhit een grote ovenbestendige koekenpan op middelhoog vuur. Voeg varkensvlees toe en schroei aan alle kanten.
f) Zet de koekenpan in de oven en braad het varkensvlees gedurende 15-20 minuten.
g) Laat het varkensvlees volledig afkoelen en snijd het in plakjes van ¼ inch.
h) Combineer roomkaas, mayonaise en tijm in een kleine kom en roer tot een gladde massa. Opzij zetten.

APPEL- EN KOOLSALADE
i) Verhit 3 eetlepels olijfolie in een koekenpan.
j) Voeg de appels toe en kook gedurende 1 minuut, onder regelmatig roeren.
k) Voeg kool toe en kook gedurende 5 minuten.
l) Voeg azijn, zout en peper toe en kook 4 tot 5 minuten, onder regelmatig roeren, tot de vloeistof verdampt.

VERZAMELEN:
m) Bestrijk beide zijden van de stokbroodplakken met gesmolten boter.
n) Bak op 350 gedurende 10 tot 12 minuten, tot de randen lichtbruin zijn.
o) Verdeel het roomkaasmengsel aan één kant van elk sneetje brood.
p) Beleg met 1 tot 2 plakjes varkensvlees.
q) Schep er rode kool op.

84. Açaí-kom met perziken en koolmicrogreens

INGREDIËNTEN:
- ½ kopje koolmicrogreens
- 1 bevroren banaan
- 1 kopje bevroren rode bessen
- 4 eetlepels Açaí -poeder
- ¾ kopje amandel- of kokosmelk
- ½ kopje gewone Griekse yoghurt
- ¼ theelepel amandelextract

GARNERING:
- Geroosterde kokosvlokken
- Verse perzikplakken
- Granola of geroosterde noten/zaden
- Druppeltje honing

INSTRUCTIES:

a) Meng de melk en de yoghurt in een grote, snelle blender. Voeg het bevroren fruit Açaí , de microgroenten van de kool en het amandelextract toe.

b) Blijf op een lage stand mixen tot een gladde massa. Voeg alleen extra vloeistof toe als dat nodig is. Het moet DIK en romig zijn, zoals ijs!

c) Verdeel de smoothie over twee kommen en beleg deze met al jouw favoriete toppings.

85. Fruit- En Koolsalade

INGREDIËNTEN:
- 2 Sinaasappelen , geschild en in plakjes gesneden
- 2 Appels , gehakt
- 2 kopjes groene kool , versnipperd
- 1 kopje pitloze groene druiven
- ½ kopje slagroom
- 1 eetlepel suiker
- 1 eetlepel Citroensap
- ¼ theelepel zout
- ¼ kopje mayonaise/saladedressing

INSTRUCTIES:
a) Doe sinaasappels, appels, kool en druiven in een kom.
b) Klop de slagroom in een gekoelde kom stijf. Meng de slagroom, suiker, citroensap en zout door de mayonaise.
c) Roer het fruitmengsel erdoor.

86.Red Velvet-salade met rode biet en mozzarella

INGREDIËNTEN:
- ½ rode kool
- ½ limoensap
- 3 eetlepels bietensap
- 3 eetlepels agavesiroop
- 3 gekookte rode biet
- 150 gr Mozzarella kleine kaasbolletjes
- 2 eetlepels bieslook fijngesneden
- 2 eetlepels pijnboompitten geroosterd

INSTRUCTIES:
a) Snij de rode kool met een dunschiller in fijne sliertjes.
b) Neem een mengkom en meng het bietensap met 2 eetlepels agavesiroop en het sap van een halve limoen.
c) Meng dit met de gesneden rode kool en laat een half uur marineren.
d) Daarna laat je de kool uitlekken in een zeef.
e) Van de gekookte rode bieten krijg je met een Parisienne- schepje kleine balletjes.
f) Bestrooi deze balletjes met 1 eetlepel agavesiroop.
g) Rooster de pijnboompitten in een pan tot ze goudbruin zijn. Doe de uitgelekte rode kool in een schaal.
h) Leg er de rode bieten en Mozzarella balletjes op. Verdeel de pijnboompitten en fijngehakte bieslook erover.

87.Kool En Jus D'orange

INGREDIËNTEN:
- 1 groene appel
- 1 sinaasappel
- 1 theelepel Spirulina-poeder
- 4 blaadjes rode kool

INSTRUCTIES:
a) Ontkern de groene appel en schil de sinaasappel.
b) Doe ze samen met kool en spirulinapoeder in een sapcentrifuge.
c) Maak sap en serveer onmiddellijk.

88. Lentekoolsoep Met Krokant Zeewier

INGREDIËNTEN:
- 4 eetlepels Boter
- 1 kop Aardappelen, geschild en gehakt
- ¾ kopje Gehakte uien
- Zout en versgemalen zwarte peper
- 3¾ kopje Lichte zelfgemaakte kippenbouillon
- 3½ kopjes Gehakte jonge lentekoolbladeren
- ¼ kopje room
- Krokant zeewier
- savooiekool
- Olie om te frituren
- Zout
- Suiker

INSTRUCTIES:
a) Smelt de boter in een zware pan. Voeg als het schuimt de aardappelen en uien toe en draai ze in de boter tot ze goed bedekt zijn. Bestrooi met zout en peper. Dek af en zweet op laag vuur gedurende 10 minuten. Voeg de bouillon toe en kook tot de aardappelen zacht zijn.
b) Voeg de kool toe en kook, onafgedekt, tot de kool net gaar is - een kwestie van 4 tot 5 minuten. Als u de deksel eraf houdt, blijft de groene kleur behouden.
c) Om het Krokante Zeewier te maken, verwijder je de buitenste bladeren van de kool en snijd je de steeltjes eruit. Rol de bladeren in sigaarvormpjes en snijd ze met een zeer scherp mes in de dunst mogelijke reepjes. Verhit de olie in een frituurpan tot 350 graden F. Voeg wat kool toe en kook slechts een paar seconden. Zodra het knapperig begint te worden, verwijder het en laat het uitlekken op keukenpapier.
d) Bestrooi met zout en suiker. Gooi en serveer als garnering op de soep of om gewoon van te knabbelen.
e) Pureer de soep in een blender of keukenmachine. Proef en pas de smaak aan.
f) Voeg voor het serveren de room toe. Serveer alleen of met een hoop knapperig zeewier erop.

89. Kool En Granaatappelsalade

INGREDIËNTEN:
- 1 kopje kool – geraspt
- ½ granaatappel, zaden verwijderd
- ¼ Eetlepels mosterdzaad
- ¼ Eetlepels komijnzaad
- 4-5 curryblaadjes
- Knijp asafoetida
- 1 eetlepel olie
- Zout en suiker naar smaak
- Citroensap naar smaak
- Verse korianderblaadjes

INSTRUCTIES:
a) Combineer granaatappel en kool.
b) Verhit de mosterdzaadjes in een pan met de olie.
c) Voeg het komijnzaad, de curryblaadjes en de asafoetida toe aan de pan.
d) Meng het kruidenmengsel met de kool.
e) Voeg suiker, zout en citroensap toe en meng goed.
f) Serveer gegarneerd met koriander.

90. Rundvleessalade Met Ingelegde Goji-bessen

INGREDIËNTEN:
- 2 rib-eye steaks
- Cashewdressing

VOOR DE MARINADE:
- Schil van 2 limoenen
- 3 eetlepels limoensap
- 2 teentjes knoflook, fijngehakt
- 1 eetlepel vers geraspte gember
- 1 eetlepel honing
- 2 theelepels vissaus
- 1 eetlepel geroosterde sesamolie
- 2 eetlepels plantaardige olie

VOOR DE INGEZET GOJI-BESSEN:
- 3 eetlepels appelazijn, opgewarmd
- 2 theelepels honing
- ½ theelepel fijn zout
- ⅓ kopje Goji-bessen

VOOR DE SALADE:
- 4 mini-komkommers, in dunne plakjes gesneden
- 1 kleine paarse kool, versnipperd
- 1 kleine groene kool, versnipperd
- 2 wortels, geschild en dun geschoren
- 4 lente-uitjes, fijn gesneden
- 1 rode chilipeper, zaadjes geschraapt en fijngesneden
- ½ kopje van elk, verse munt, koriander en basilicum
- 2 eetlepels geroosterde sesamzaadjes, om af te maken
- ¼ theelepel gedroogde rode chilivlokken

INSTRUCTIES:
a) Voor de marinade doe je alle ingrediënten in een kleine mengkom en klop je door elkaar.
b) Plaats de steaks in een niet-reactieve schaal. Sprenkel de helft van de marinade erover. Dek af en plaats in de koelkast om enkele uren te marineren. Bewaar de gereserveerde marinade om de salade mee aan te kleden.
c) Voor de ingemaakte gojibessen doe je alle ingrediënten in een kom. Zet 30 minuten weg om te macereren.
d) Breng de gemarineerde steaks vóór het grillen op kamertemperatuur. Verwarm een Le Creuset 30 cm gietijzeren signature ondiepe grill tot hij heet is. Schroei de steaks op middelhoog vuur gedurende 3-4 minuten. Draai en kook nog eens 3 minuten, of tot het naar wens gaar is. Rust 5-7 minuten voordat u gaat snijden.
e) Doe alle ingrediënten voor de salade, behalve de sesamzaadjes, in een grote kom. Voeg de gereserveerde marinade toe en roer lichtjes om te coaten. Breng de salade over naar een serveerschaal. Verdeel de gesneden biefstuk over de salade. Bestrooi met sesamzaadjes en serveer er de cashewdressing bij.

91. Kool & Bietensoep

INGREDIËNTEN:
- 1 middelgrote kool; gesneden of wig
- 3 knoflook; kruidnagel fijngehakt
- Biet; veel
- 3 Wortel; weinig
- 1 LG ui
- 2 Selderij; stengels in 3 delen gesneden
- 3 pond bot; vlees/mergbotten
- 2 Citroen
- 2 blikjes Tomaten; niet afvoeren

INSTRUCTIES:
a) Doe vlees en botten in een voorraadpot van 8 of 12 qt. Doe de blikjes tomaten erin, bedek ze met water en breng aan de kook.
b) Maak ondertussen je groenten klaar. Snijd bieten en wortels in plakjes, andere gaan in hun geheel. Wanneer de bouillon kookt, schep je de bovenkant af.
c) Doe er bieten, wortels, knoflook en andere groenten in. Zet het vuur lager en laat het deksel scheef staan.
d) Voeg na ongeveer een uur knoflook en suiker toe.

92.Rode Kool Met Chrysant s

INGREDIËNTEN:
- 1 Rode kool, klokhuis en dun
- ¼ kopje boter
- 1 Ui, in ringen gesneden
- 2 grote appels, geschild, klokhuis verwijderd, in dunne plakjes gesneden
- 2 eetlepels Gele chrysantbloemblaadjes
- 2 eetlepels bruine suiker
- Koud water
- 4 eetlepels Rode wijnazijn
- Zeezout
- Peper
- Boter
- Verse chrysantenbloemblaadjes

INSTRUCTIES:
a) Blancheer de rode kool 1 minuut in kokend water.
b) Giet af, ververs en zet opzij. Verhit de boter in een koekenpan, doe de uienringen erin en laat 4 minuten sudderen tot ze zacht zijn.
c) Roer de appelschijfjes erdoor en kook nog 1 minuut.
d) Doe de kool in een diepe, vuurvaste braadpan met een goed sluitend deksel.
e) Meng de bloemblaadjes van de ui, de appels en de chrysanten erdoor en draai alle ingrediënten zodat ze goed bedekt zijn met de boter.
f) Strooi de suiker erover en giet het water en de azijn erbij. Licht op smaak brengen.
g) Kook op laag vuur, of in de oven op 325F/170F/gasovenstand 3 gedurende 1½ - 2 uur, tot de kool zacht is.
h) Voeg vlak voor het serveren een flinke klont boter en wat verse chrysantenblaadjes toe.

93.Kool Roerbak

INGREDIËNTEN:
- 1 kleine kool, versnipperd
- 1 wortel, julienne gesneden
- 1 paprika, in dunne plakjes gesneden
- 2 teentjes knoflook, fijngehakt
- 2 eetlepels sojasaus
- 1 eetlepel sesamolie
- 1 eetlepel plantaardige olie
- Zout en peper naar smaak

INSTRUCTIES:
a) Verhit plantaardige olie in een pan op middelhoog vuur.
b) Voeg gehakte knoflook toe en bak tot het geurig is.
c) Voeg geraspte kool, julienne wortel en gesneden paprika toe. Roerbak 5-7 minuten tot de groenten zacht en knapperig zijn.
d) Giet sojasaus en sesamolie over de groenten en roer goed.
e) Breng op smaak met zout en peper.
f) Serveer warm en geniet ervan!

94.Gevulde Koolrolletjes

INGREDIËNTEN:
- 1 grote kool
- 1 pond rundergehakt
- 1 kop gekookte rijst
- 1 ui, fijngehakt
- 1 blikje tomatensaus
- 1 theelepel Italiaanse kruiden
- Zout en peper naar smaak

INSTRUCTIES:
a) Kook de koolbladeren tot ze buigzaam zijn, laat afkoelen en zet opzij.
b) Meng in een kom gehakt, gekookte rijst, gesnipperde ui, Italiaanse kruiden, zout en peper.
c) Schep een lepel van het mengsel op elk koolblad en rol het strak op.
d) Leg de broodjes in een ovenschaal en giet er tomatensaus over.
e) Bak gedurende 30-40 minuten op 175°C.
f) Serveer met extra saus en geniet ervan!

95.Kool En Worstsoep

INGREDIËNTEN:
- 1/2 kropkool, gehakt
- 1 pond rookworst, in plakjes gesneden
- 1 ui, in blokjes gesneden
- 2 wortels, in plakjes gesneden
- 3 teentjes knoflook, fijngehakt
- 4 kopjes kippenbouillon
- 1 blik tomatenblokjes
- 1 theelepel gedroogde tijm
- Zout en peper naar smaak

INSTRUCTIES:
a) In een grote pan sauteer je de worst tot hij bruin is.
b) Voeg uien en knoflook toe, kook tot ze zacht zijn.
c) Roer de kool, wortels, kippenbouillon, tomatenblokjes, tijm, zout en peper erdoor.
d) Laat 20-25 minuten sudderen tot de groenten gaar zijn.
e) Pas de kruiden aan en serveer warm.

96.Koolsalade Met Citroendressing

INGREDIËNTEN:
- 1/2 krop rode kool, in dunne plakjes gesneden
- 1 kop geraspte wortelen
- 1/4 kop gehakte verse peterselie
- 1/4 kop olijfolie
- Sap van 1 citroen
- 1 eetlepel honing
- Zout en peper naar smaak

INSTRUCTIES:
a) Meng in een grote kom gesneden kool, geraspte wortels en gehakte peterselie.
b) Meng in een kleine kom olijfolie, citroensap, honing, zout en peper.
c) Giet de dressing over het koolmengsel en roer door elkaar.
d) Zet 30 minuten in de koelkast voordat u het serveert.

97.Kool En Aardappelkerrie

INGREDIËNTEN:
- 1 kleine kool, gehakt
- 3 aardappelen, geschild en in blokjes
- 1 ui, fijngehakt
- 2 tomaten, in blokjes gesneden
- 2 eetlepels kerriepoeder
- 1 theelepel komijnzaad
- 1 theelepel kurkuma
- 1 kopje kokosmelk
- Zout naar smaak

INSTRUCTIES:
a) Verhit de olie in een pan en voeg het komijnzaad toe. Voeg als ze sputteren de gehakte uien toe en bak tot ze goudbruin zijn.
b) Voeg kerriepoeder en kurkuma toe en roer een minuut.
c) Voeg de in blokjes gesneden aardappelen en tomaten toe en kook tot de aardappelen licht gaar zijn.
d) Voeg gehakte kool, kokosmelk en zout toe. Dek af en laat sudderen tot de groenten gaar zijn.
e) Serveer warm met rijst of brood.

98.Roerbak Kool En Garnalen

INGREDIËNTEN:
- 1 kleine kool, in dunne plakjes gesneden
- 1 pond garnalen, gepeld en ontdaan van darmen
- 1 rode paprika, in plakjes gesneden
- 2 eetlepels sojasaus
- 1 eetlepel oestersaus
- 1 eetlepel gember, fijngehakt
- 2 eetlepels plantaardige olie
- Groene uien voor garnering

INSTRUCTIES:
a) Verhit plantaardige olie in een wok of grote koekenpan.
b) Voeg gehakte gember en gesneden paprika toe en roerbak 2 minuten.
c) Voeg garnalen toe en kook tot ze roze kleuren.
d) Voeg de dun gesneden kool toe en roerbak tot de kool zacht en knapperig is.
e) Giet sojasaus en oestersaus over het roerbakgerecht en roer goed door.
f) Garneer met groene uien en serveer met rijst.

99. Roerbak Kool En Champignons

INGREDIËNTEN:
- 1 kleine kool, in dunne plakjes gesneden
- 1 kopje champignons, in plakjes gesneden
- 1 rode ui, in dunne plakjes gesneden
- 3 eetlepels sojasaus
- 1 eetlepel rijstazijn
- 1 eetlepel sesamolie
- 1 theelepel suiker
- 2 eetlepels plantaardige olie

INSTRUCTIES:
a) Verhit plantaardige olie in een wok of koekenpan.
b) Voeg de gesneden champignons en de rode ui toe en roerbak tot de champignons hun vocht loslaten.
c) Voeg de dun gesneden kool toe en blijf roeren tot de groenten gaar zijn.
d) Meng in een kleine kom de sojasaus, rijstazijn, sesamolie en suiker. Giet over de groenten en meng om te combineren.
e) Serveer warm als bijgerecht of over rijst.

100.Kool En Pindasalade

INGREDIËNTEN:
- 1/2 krop rode kool, versnipperd
- 1 kop geraspte wortelen
- 1/2 kop gehakte pinda's
- 2 eetlepels sojasaus
- 1 eetlepel rijstazijn
- 1 eetlepel sesamolie
- 1 theelepel honing
- Gehakte koriander voor garnering

INSTRUCTIES:
a) Meng in een grote kom de geraspte rode kool en de geraspte wortels.
b) Meng in een kleine kom sojasaus, rijstazijn, sesamolie en honing.
c) Giet de dressing over het koolmengsel en roer tot alles goed bedekt is.
d) Strooi de gehakte pinda's en koriander erover.
e) Zet 30 minuten in de koelkast voordat u het serveert.

CONCLUSIE

Terwijl we onze smaakvolle reis door "Kookboek "gezonde kool en kimchi" afsluiten, hopen we dat je het plezier hebt ervaren van het opnemen van voedingsrijke kool en de gedurfde smaken van kimchi in je culinaire repertoire. Elk recept op deze pagina's is een eerbetoon aan de diverse koolsoorten en de transformerende kracht van fermentatie – een bewijs van de heerlijke en gezonde mogelijkheden die u in uw keuken te wachten staan.

Of je nu hebt geproefd van de klassieke scherpte van Chinese kool-kimchi, hebt geëxperimenteerd met inventieve rode kool-kimchi, of de veelzijdigheid van Savooiekool in kimchi-variaties hebt omarmd, wij vertrouwen erop dat deze 100 recepten je enthousiasme hebben aangewakkerd voor het verkennen van de wereld van kool en kimchi. Moge het concept van gezonde kool en het maken van kimchi, afgezien van de ingrediënten en technieken, een bron van inspiratie worden, waardoor uw keuken een centrum van voedzame en smaakvolle creaties wordt.

Terwijl u de wereld van kool en kimchi blijft verkennen, mag "Kookboek "gezonde kool en kimchi " uw vertrouwde metgezel zijn, die u begeleidt door een verscheidenheid aan heerlijke opties die de goedheid van deze ingrediënten naar uw tafel brengen. Hier vieren we de gezonde en smaakvolle reis door kool en kimchi: eet smakelijk!

www.ingramcontent.com/pod-product-compliance
Lightning Source LLC
Chambersburg PA
CBHW071330110526
44591CB00010B/1094